IRMI BAUMANN

AUSZEITEN FÜR DIE SEELE

33 ORTE IN UND UM MÜNCHEN

INNEHALTEN · LAUSCHEN · AUFBLÜHEN

POLYGLOTT

INHALT

AUSZEITEN IN MÜNCHEN

CAFÉ »GANS AM WASSER« AM MOLLSEE

MÜNCHEN

ÜBUNGEN

INNEHALTEN LAUSCHEN AUFBLÜHEN

INHALT

AUSZEITEN ÖSTLICH UND SÜDLICH VON MÜNCHEN

AN DEN OSTERSEEN

ÖSTLICH VON MÜNCHEN

SÜDLICH VON MÜNCHEN

AUSZEITEN WESTLICH VON MÜNCHEN

ROTER FINGERHUT IM FORSTENRIEDER PARK

WESTLICH VON MÜNCHEN

MIT KLEINEN ÜBUNGEN ZUM

INNEHALTEN

Übungen zum Innehalten, den Blick nach innen zu richten und die Achtsamkeit zu schulen

LAUSCHEN

Übungen zum Lauschen, Spüren, Riechen, Schmecken, Hören – hier werden alle Sinne angesprochen

AUFBLÜHEN

Übungen, die kreativ werden lassen und ermuntern, etwas Neues auszuprobieren

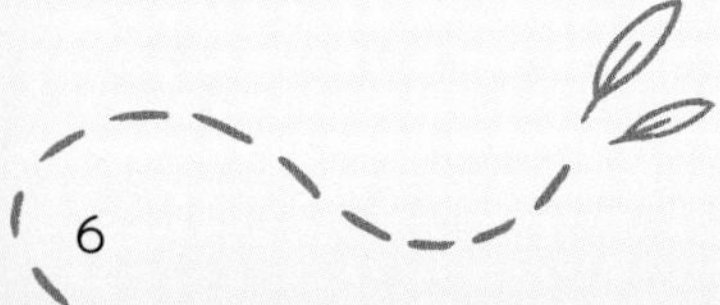

Dieses Buch möchte Sie einladen, die Natur mit Ihren Sinnen zu erkunden. Übungen unterstützen Sie bei der Entschleunigung, damit Körper und Geist zur Ruhe kommen. Tauchen Sie ein in die Natur, genießen Sie Ruhe oder Weite, erleben Sie faszinierende Augenblicke und nehmen Sie eine effektive Auszeit vom hektischen Alltagstrubel. Mittlerweile untermauert ein großer Studienfundus die positiven Wirkungen von Aufenthalten in der Natur auf das psychische und körperliche Befinden. Bereits ein 20-minütiger Waldspaziergang fördert die positive psychisch-emotionale Regulierung und stimuliert den Entspannungsnerv (Parasympathikus), wodurch der Stresspegel sinkt. Regelmäßige Unternehmungen im Grünen von mindestens drei Stunden wöchentlich zeigen dabei die stärksten Effekte. Naturaufenthalte verbessern besonders in Verbindung mit Achtsamkeitsübungen die psychische Stimmung und weisen eine hohe Erholungsfunktion auf. Ergänzend unterstützt das lokale »grüne« Bioklima die Gesundheit: Im schattigen Grün ist die Lufttemperatur im Sommer deutlich kühler, wodurch das Thermoregulationssystem entlastet wird. Dies ist vor allem ideal für Kinder und ältere Menschen, um der innerstädtischen Hitzebelastung zu entkommen. Auch die bessere Luftqualität und beruhigende Naturklänge statt urbaner Smog- und Lärmbelästigung tragen zur Entspannung bei.
Die hier vorgestellten Orte in und um München sind sorgfältig ausgewählte Ruheoasen, um dem hektischen Stadtalltag zu entfliehen – alle erreichbar mit öffentlichen Verkehrsmitteln. Entdecken Sie die heimische Natur z. B. in den Isarauen, am Deininger Weiher oder rund um den malerischen Kochelsee, um diese Orte aus einer anderen Perspektive – mit Ihren Sinnen – wahrzunehmen. Kommen Sie bewusst und aktiv zur Ruhe durch die unterschiedlichen sensorischen Übungen, und genießen Sie Ihre persönliche Auszeit für Körper, Geist und Seele.

Dr. rer. biol. hum.
Gisela Immich

GÖNNEN SIE SICH EINE AUSZEIT

Wie schön, dass Sie dieses Buch in der Hand halten. Und wie schön, dass ich Sie begleiten darf, einige wohltuende Orte in und um München zu entdecken, die Sie entweder neu kennenlernen oder auf eine neue Weise wahrnehmen werden.

Körper und Geist brauchen regelmäßige Erholungszeiten. Sie sind unerlässlich für Gesundheit und Wohlbefinden. Wir spüren das nach jedem Spaziergang. Leider erschweren der Alltag und die lieben Gewohnheiten oft die Umsetzung. Genau da wollen die »Auszeiten für die Seele« ansetzen. Das Buch will Sie zum Durchatmen inspirieren, das einhergeht mit emotionaler Entlastung, Stressabbau und erhöhter Fähigkeit zur Selbstreflektion. Es will Sie anregen, rauszugehen in die Natur. Saison- und wetterunabhängig. Auch dann, wenn Sie glauben, gar keine Zeit zu haben. Es muss auch nicht immer eine spektakuläre Destination oder hippe Gegend im Voralpenland sein. Gerade Mün-

chen bietet eine Fülle von Plätzen im Grünen, die in weniger als 30 Minuten erreicht sind. Das kann der West- oder Ostpark sein, der Englische Garten, der Nordfriedhof oder der Nymphenburger Park.

Meine Achtsamkeitsübungen sind Ideen und Vorschläge, um noch tiefer in das Erlebnis Natur einzutauchen. Passen Sie diese gern Ihren tagesaktuellen Bedürfnissen an. Geben Sie nicht auf, wenn eine Meditation oder eine Übung nicht gleich auf Anhieb gelingt. Entspannung funktioniert nicht auf Knopfdruck!

Fragt mich jemand nach meinen Lieblingsorten zum Durchatmen, dann antworte ich: überall in der Natur. Das kann eine Bank unter einem Baum sein, ein Spaziergang im Wald oder entlang Isar oder Loisach. Für mich ist immer der Ort mein Lieblingsort, an dem ich gerade in der freien Natur unterwegs bin.

Kommen Sie mit mir in die Natur. Nehmen Sie sich diese »Auszeit für die Seele«, und atmen Sie durch! Viel Freude dabei wünscht

Ihre Irmi Baumann

EIN GEHEIMTIPP: DER POSCHINGER WEIHER

VERBORGENER NATUR-BADESEE IM NORDEN

POSCHINGER WEIHER, UNTERFÖHRING

Schnurgerade Wege entlang des Kanals wechseln sich mit schmalen Pfaden durch nahezu unberührte Natur ab. Vorbei an alten Bäumen und über sonnige Wiesen geht es zum Badeweiher. Mit Blick auf Münchens Skyline.

START UND ZIEL
S-Bahn Unterföhring

DISTANZ ca. 6 km

DAUER 2 Std.

ANFAHRT
S8 Unterföhring, Bus 231 Unterföhring Kanal

MITNEHMEN
Im Sommer Badesachen

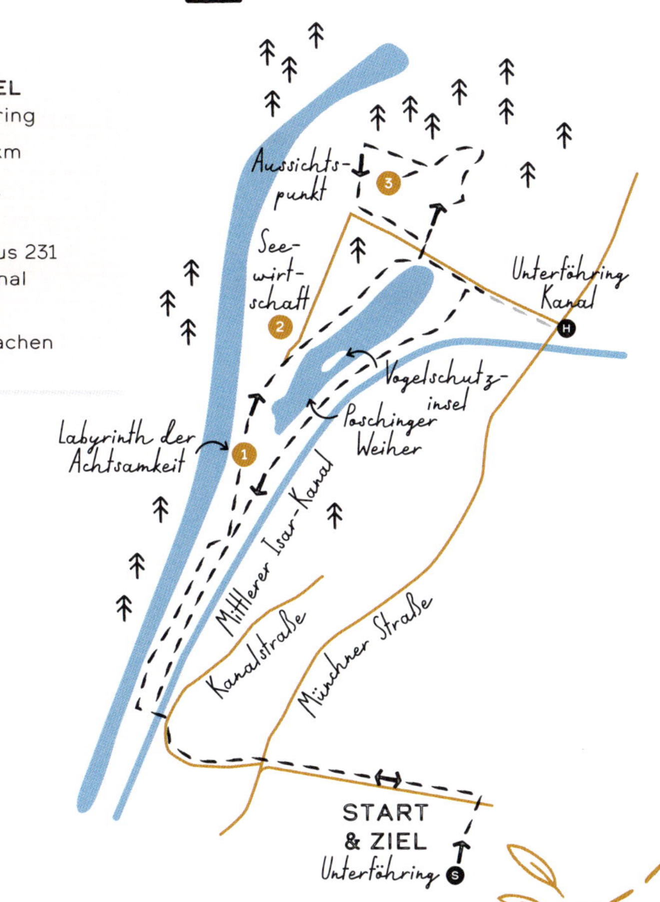

Was macht es mit Ihnen, wenn sich die Richtung ändert und das nahe Ziel wieder weiter wegzurücken scheint?

Durchaus noch ein Geheimtipp im Landschaftsschutzgebiet Isartal ist der idyllisch gelegene Poschinger Weiher. Wohltuend unterscheidet sich der Naturbadesee mit seinem sauberen Wasser und den ruhigen Liegewiesen von seinem lauten und trubeligen Nachbarn, dem Feringasee.

Der Ausflug zum Poschinger Weiher beginnt an der S-Bahn-Haltestelle Unterföhring. Dort folgt man der Bahnhofstraße westwärts, kreuzt die Münchner Straße und biegt in die Kanalstraße ein. Nachdem Sie die Brücke überquert haben, die über den **MITTLEREN ISAR-KANAL** führt, halten Sie sich rechts auf einem der Pfade zwischen Isar und Kanal Richtung Norden. Etwa 600 m nach der Brücke stoßen Sie direkt auf das mit Steinen angelegte ❶ **LABYRINTH DER ACHTSAMKEIT**. Nehmen Sie die Gelegenheit wahr, es zu gehen.

Übrigens: Ein Labyrinth ist nicht zu verwechseln mit einem Irrgarten, in dem es Hindernisse, Sackgassen oder auch Kreuzungen und mehrere Ausgänge gibt. Im klassischen Einweg-Labyrinth wie hier nehmen Sie die Einladung an und gehen die Bahnen und Kurven zwischen den Steinmarkierungen nach. Die Gänge schlängeln sich, wenden sich mal näher dem Zentrum zu, dann wieder weiter weg, ehe Sie am Mittelpunkt, dem Kern, ankommen.

VOM LABYRINTH ZUM POSCHINGER WEIHER

Nach Ihrem Exkurs am »Labyrinth der Achtsamkeit« merken Sie vielleicht, dass Sie nicht mehr ganz so flott unterwegs sind wie vermutlich noch zu Beginn der Tour. Möglicherweise haben Sie den Spaziermodus verinnerlicht und schlendern so weiter auf dem mittleren Pfad zwischen **ISAR UND KANAL** Richtung Norden. Schon nach etwa 200 m stoßen Sie an eine T-Kreuzung. Sie können den Unterföhringer See, der auch als Poschinger Weiher bekannt ist, links oder rechts umrunden. Es gibt Vermutungen, dass der Namenspatron der Ismaninger Adelige und Glasfabrikant Michael von Poschinger (1834–1905) gewesen sein könnte.

Sie entscheiden sich für die linke Variante und drehen eine Runde im Uhrzeigersinn. Der Weg führt Sie am **UFER** entlang, zunächst unter Bäumen und an Büschen vorbei. Bei den folgenden Abzweigungen halten Sie sich rechts immer in Seenähe. Die nahe ❷ **SEEWIRTSCHAFT** lädt ganzjährig

POSCHINGER WEIHER, UNTERFÖHRING

PERFEKTE NATUROASE FÜR RUHESUCHENDE

GEHEN IM LABYRINTH

Verschaffen Sie sich zunächst einen Überblick. Wenn Sie den Eingang gefunden haben, gehen Sie langsam und achten dabei auf Ihre Gefühle entlang des Weges, der Sie in die Mitte führt. Vielleicht können Sie dabei auch eine Metapher für das Leben sehen. Welche Erkenntnisse kommen Ihnen, und wie erleben Sie den Weg in die Mitte, vielleicht in Ihre Mitte? Fühlen Sie sich eingeladen zu dem Gedanken, wo Sie ein Ziel in Ihrem Leben geradewegs erreichen wollen. Was macht es mit Ihnen, wenn sich die Richtung ändert und das nahe Ziel wieder weiter wegzurücken scheint? Empfinden Sie das als eine Art Rückschritt? Oder sind Sie dankbar über eine zusätzliche Schleife, die Ihnen neue Erkenntnisse auf Ihrem Weg schenkt? Lassen Sie die Empfindungen und Assoziationen zu, die hochkommen.

DAS HIMALAYA-SPRINGKRAUT …

… UND SEINE ESSBAREN SAMEN

zu einer Pause ein. Flanieren Sie weiter und genießen dabei immer wieder den Blick über den still daliegenden See mit der glatten Oberfläche. Insbesondere in den Sommermonaten laden kleine Einstiegsstellen zwischen üppigen Grasbüscheln zu einem Sprung ins kühle Nass ein. Schwimmen Sie eine Runde mit den Enten oder schauen Sie ihnen vom Ufer aus zu. Der von Grundwasserquellen gespeiste See ist ganzjährig ein beliebtes Ausflugsziel. Im Spätsommer werden Ihnen sicherlich die prächtig blühenden pink- und lilafarbenen Pflanzen auffallen, die in großen Buschen am Uferrand wachsen: das Drüsige Springkraut oder – schöner benannt – das Himalaya-Springkraut. Kostprobe gefällig? (s. S. 15)

VOM SEEUFER NACH UNTERFÖHRING

Sie spazieren am Wasser entlang in Richtung **NORDUFER**, vorbei an weitläufigen Liegewiesen, kleineren Naturnischen und den dahinterliegenden Parkplätzen bis zur Zufahrtsstraße, die von rechts oben in das Landschaftsschutzgebiet mündet. Diese überqueren Sie und laufen ein paar Meter rechts, bevor gleich wieder links ein Pfad in den Wald hineinführt. Diesem folgen Sie etwa 300 m, kommen an einem Tümpel vorbei und biegen dann an der nächsten Möglichkeit links ab. Von hier aus geht es in wenigen Minuten ohne Abzweig direkt hoch zum 3 **AUSSICHTSPUNKT** am Poschinger Weiher. Bei guter Wetterlage haben Sie

eine herrliche Aussicht auf die **SKYLINE** von München, und mit etwas Glück schweift der Blick bis zur Voralpenkette. Genießen Sie diese Perspektive. Große Steinstufen bieten sich zum Hinsetzen an.

Zurück geht es ähnlich wie auf dem Hinweg. Bei der ersten Weggabelung wählen Sie jedoch die Möglichkeit nach links. Der Weg schlängelt sich wieder hinunter, in **ISARNÄHE**. An der nächsten Kreuzung gelangt man wahlweise rechts zum Fluss oder links wieder zurück zur Zufahrtsstraße am Weiher. An der Straße angekommen, geht es links weiter. Nach dem nördlichsten Punkt des Sees entscheiden Sie sich, entweder geradeaus weiter hoch zur Münchner Straße zu spazieren, von wo Sie mit dem Bus zurück in den Ort kommen. An der Haltestelle **RATHAUS** aussteigen und die letzten Meter der Bahnhofstraße entlang zurück zur S-Bahn-Station Unterföhring gehen.

Möchten Sie noch etwas länger in der Natur verweilen, empfiehlt es sich, rechts in den Pfad einzubiegen und am östlichen Seeufer in südliche Richtung zu spazieren. Dieser bringt Sie zunächst an den Kanal, dann wieder in Nähe des Seeufers, vorbei an der **VOGELSCHUTZINSEL**. Am Südufer führt ein fast schnurgerader Weg am Kanal entlang bis zur kleinen Brücke. Diese passieren, der Kanalstraße ostwärts folgen, die Münchner Straße überqueren, und über die Bahnhofstraße gelangt man wieder zum Ausgangspunkt zurück.

NATURWISSEN

HIMALAYA-SPRINGKRAUT

Die hübschen Blütenrispen der Bauernorchidee, wie diese Sommerblüher auch genannt werden, gelten als invasive Neophyten – also nicht endemische Pflanzen, die sich zum Ärgernis der einen in unserer Natur ausbreiten und heimische Arten verdrängen. Die anderen wiederum, beispielsweise Imker, begrüßen die wertvolle Nahrung für Bienen.

Das Himalaya-Springkraut, eine einjährige Krautpflanze, vermehrt sich über Samen. Im Spätsommer fallen die vielen Samenkapseln auf, die schon bei der geringsten Berührung aufplatzen und ihre Samen meterweit davonschleudern. Während das frische Grün ungenießbar ist, können die Blüten in kleinen Mengen als essbare Speisedekoration verwendet werden. Das Beste aber sind die Samen, die in allen Reifegraden – von Weiß bis Dunkelbraun – roh genascht werden können. Der Geschmack ähnelt dem von Walnüssen; die Samen können über Suppen und Salate gestreut werden, eignen sich für Pestos oder als kleiner Snack.

TOUR 2
DIE UNBEKANNTE SEITE DES ENGLISCHEN GARTENS

GRÜNER TUNNEL INS PARADIES

ENGLISCHER GARTEN NORDTEIL

Während im südlichen Teil des Englischen Gartens das urbane Leben pocht, wartet der Nordteil mit menschenleeren Wiesen auf. Ein ideales Terrain, um dem turbulenten Alltag der Stadt zu entfliehen.

START UND ZIEL
Grüntal, Oberföhring

DISTANZ 7,5 km

DAUER ca. 2,5–3 Std.

ANFAHRT
Bus 187 Grüntal

MITNEHMEN
Picknickkorb und -decke

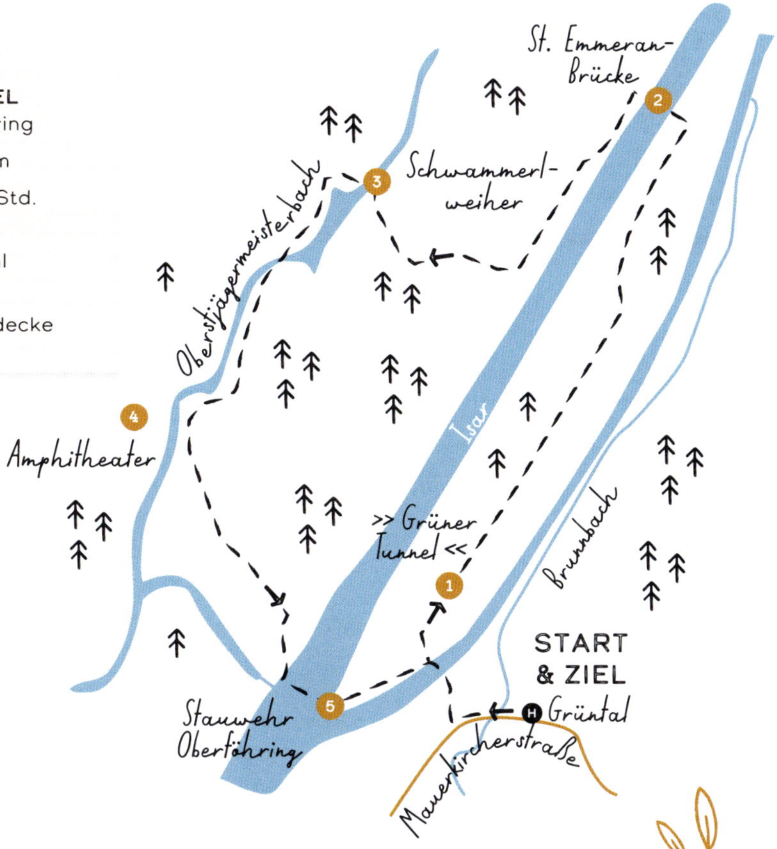

St. Emmeran-Brücke
2
3
Schwammerl-weiher
Oberstjägermeisterbach
4
Amphitheater
Isar
>> Grüner Tunnel <<
1
Brunnbach
START & ZIEL
Grüntal
5
Stauwehr Oberföhring
Mauerkircherstraße

Machen Sie sich auf den Weg in ein unerwartetes grünes Reich mit lieblichen Auen, plätschernden Bächen, Wäldchen und versteckten Weihern.

Von der Haltestelle Grüntal geht es zunächst ein kleines Stück der Mauerkircher Straße entlang westwärts, als Anhaltspunkt dienen die Altglascontainer. Dort in die Mittlere-Isar-Straße Richtung Fluss einbiegen. Überqueren Sie auf einer Steinbrücke den Mittleren Isar-Kanal und bleiben auf dem breiten Forstweg, der eine großzügige Rechtskurve macht. Schon nach wenigen Metern wird deutlich, warum dieser Abschnitt auch 1 **»DER GRÜNE TUNNEL«** genannt wird. Es geht nahezu schnurgerade entlang, während die Baumkronen ein schützendes Blätterdach über den Weg bilden. Langweilig wird es auf dem rund 1 km langen Waldboulevard trotzdem nicht, ein Blickfang sind die geschnitzten Holzskulpturen im Gebüsch, ehe man eine Kreuzung erreicht. Dort rechts halten. Nach wenigen Metern teilt sich der Weg noch einmal, Sie gehen rechts und kommen näher an den Kanal, dem sie flussabwärts folgen. Nach 150 m führt der Weg rechts über die Brücke zum idyllisch gelegenen Gasthaus und Biergarten **ST. EMMERAMSMÜHLE**.

Eine reizvolle Alternative zu einer Einkehr im Biergarten ist ein Picknick auf der Wiese. Sie finden viele idyllische Plätze in der Sonne oder unter einem Baum. Falls Ihnen das zu aufwendig erscheint und Sie nicht wissen, wie Sie alles transportieren sollen: Es gibt genügend Caterer, die praktische und genussreiche Lösungen anbieten. Mit einem voll ausgestatteten Picknickwagerl starten Sie zu einem kulinarischen Ausflug. Oder Sie verabreden sich mit Freunden und organisieren eine große Tafel im Grünen. Ein solches Erlebnis stärkt die Gemeinschaft und schafft bleibende Erinnerungen.

NATURWISSEN

WEIDENGEWÄCHSE

Meist fallen Weiden (Salicaceae) mit ihren langen Zweigen und schmalen Blättern an Gewässern auf, wo sie ausladend über Fluss- oder Seeufer hängen. Es gibt rund 500 verschiedene Arten, wobei die Trauerweide hier am Schwammerlweiher besonders charakteristisch ist.

Die jungen, biegsamen Äste der Weide werden seit jeher zum Korbflechten verwendet. Auch in der Volksheilkunde kommt der Weide eine bedeutsame Rolle zu. Mit der Tinktur der Weidenrinde wurden Hühneraugen und Warzen behandelt. Schmerzen und Fieber wurden mit Weidenrindentee bekämpft und damit der Hauptwirkstoff Salicin genutzt. Er findet noch heute in der Pharmazie Anwendung.

STAUWEHR OBERFÖHRING

VON ST. EMMERAM ZUM ISAR-STAUWEHR

Ihren Ausflug in den Nordteil des Englischen Gartens setzen Sie fort, wenn Sie zurück an der Brücke über den Mittleren Isar-Kanal rechts gehen, vorbei an dem kleinen Weiher und dort den überdachten Holzsteg über die Isar nehmen. Gleich am Ende der 2 ST. EMMERAM-BRÜCKE folgen Sie dem ersten Pfad nach links und spazieren nun südwärts der Isar entlang. Nach etwa 400 m teilt sich der Weg mehrmals, Sie halten sich westwärts und laufen über freie Wiesenflächen, durchsetzt von schönem alten Baumbestand. Ein nahezu romantischer Ausblick erwartet Sie, während Sie schmälere und breitere Wege kreuzen. Schließlich erreichen Sie den 3 SCHWAMMERLWEIHER, der Wandersleute mit einigen Bänken unter tiefhängenden Weiden begrüßt.

Überqueren Sie den **OBERSTJÄGERMEISTERBACH** und umrunden (nach links) den grünlich schimmernden Weiher, an dessen Ende Sie wiederum links ein Brücklein über den Bach leitet. Zwischen dem Oberstjägermeisterbach und dem Schwabinger Bach, der weiter westlich fließt, versteckt sich das von Bäumen umringte 4 AMPHITHEATER. Auf dem treppenartig angelegten Areal im Englischen Garten finden im Sommer zauberhafte Aufführungen des Münchner Sommertheaters (www.muenchner-sommertheater.de) statt. Besonders romantisch ist die Atmosphäre in lauen Sommernächten, wenn im Dunkeln unzählige Lampions wie Glühwürmchen aufblitzen.

Danach geht es rechts weiter, ein verzweigtes Wegenetz lässt Ihnen die Wahl der Qual. Am besten halten Sie sich am östlichen Bachufer in südlicher Richtung, vorbei an kleineren Waldstücken und freien Wiesen, ehe Sie auf die Effnerstraße stoßen. Hier noch einmal links abbiegen, und von da führt Sie der Weg auf das 5 STAUWEHR OBERFÖHRING zu. Schon von Weitem ist das markante Bauwerk zu erkennen, das den Mittleren Isar-Kanal vom natürlichen Flussbett der Isar trennt und Sie auf die andere Uferseite bringt. Verweilen Sie auf der **BRÜCKE** einige stille Momente und blicken auf die von Wasser umflossene Kiesbank hinab. Nehmen Sie bewusst wahr, wie im Kleinen jeder Tropfen des grünblauen Nass die Steine umspült und sich als Teil der Isar seinen Weg immer weiter nach Norden bahnt.

Am Ostufer angekommen, geradeaus weiter dem Kanal folgen, bis Sie wieder auf die Mittlere-Isar-Straße stoßen. Von dort ist es nicht mehr weit zur Haltestelle Grüntal.

DAS KIRCHLEIN DES EREMITEN

VÄTERCHEN TIMOFEJS KIRCHLEIN

OST-WEST-FRIEDENSKIRCHE IM OLYMPIAPARK

Die Ost-West-Friedenskirche im Olympiapark gilt als Symbol, um den Osten und den Westen miteinander zu versöhnen. Das Kirchlein des Eremiten »Väterchen Timofej« ist ein idealer Ort, um Frieden zu zelebrieren.

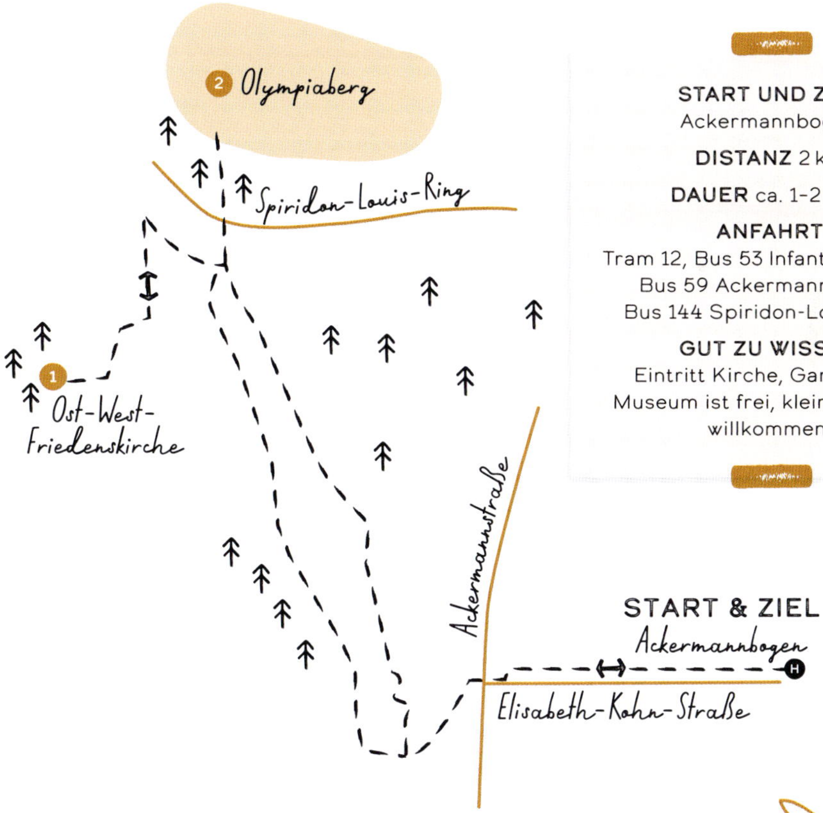

2 Olympiaberg
Spiridon-Louis-Ring
1 Ost-West-Friedenskirche
Ackermannstraße
START & ZIEL
Ackermannbogen
Elisabeth-Kohn-Straße

START UND ZIEL
Ackermannbogen

DISTANZ 2 km

DAUER ca. 1–2 Std.

ANFAHRT
Tram 12, Bus 53 Infanteriestraße, Bus 59 Ackermannbogen, Bus 144 Spiridon-Louis-Ring

GUT ZU WISSEN
Eintritt Kirche, Garten und Museum ist frei, kleine Spende willkommen.

VERSPIELTE DETAILS IM GARTEN

Eine Besonderheit im Münchner Norden ist die in den 1950er-Jahren errichtete Kirche am Rand des ehemaligen Flugfeldes Oberwiesenfeld, das heute Bestandteil des Olympiaparks ist. Seit dieser Zeit gilt das Kirchlein - den Namen Ost-West-Friedenskirche erhielt es erst viel später - als einer der symbolträchtigsten Orte in München für eine friedliche Auszeit.

VOM ACKERMANNBOGEN ZUR OST-WEST-FRIEDENSKIRCHE

An der Haltestelle Ackermannbogen angekommen, spaziert man auf der Elisabeth-Kohn-Straße Richtung Westen an der Mittelschule vorbei und überquert die Ackermannstraße. Dort links in den Fußweg einbiegen und weiter westwärts halten, bis man auf den Rudolf-Harbig-Weg stößt. Hier entscheiden Sie sich für den rechten Verlauf entlang der Bäume. Folgen Sie ihnen über die Grünflächen des **OLYMPIAPARKS**. Noch bevor der Spiridon-Louis-Ring erreicht ist, erstreckt sich zur Linken eine große freie Fläche, auf der in den Sommermonaten das beliebte **TOLLWOOD-FESTIVAL** stattfindet. Gehen Sie direkt vom Rudolf-Harbig-Weg links hinunter, über das Feld. In der dahinter angrenzenden **GRÜNANLAGE** wartet ein kleines Gartentor - der Eingang zur **1 OST-WEST-FRIEDENSKIRCHE**.

Der russische Eremit Timofej Wassiljewitsch Prochorow, von den Einheimischen liebevoll »Väterchen Timofej« genannt, hat das Kirchlein gemeinsam mit seiner Frau Natascha erbaut. Als Baumaterial verwendeten sie größtenteils Schutt aus dem Zweiten Weltkrieg. Da das Gelände für die Olympischen Sommerspiele 1972 vorgesehen und der Bau ohne Genehmigung errichtet worden war, wäre er um ein Haar zum Abriss des Gebäudes gekommen. Doch da hatten die Planer nicht mit dem Protest der Münchner Bürger gerechnet. Fazit: Das Bauvorhaben wurde ein Stück nach Norden verschoben, Väterchen Timofej, Natascha und ihr Kirchlein durften bleiben. Ein rührendes Stück Münchner Geschichte.

Seit Timofejs Tod im Juli 2004 kümmert sich ein Verein um die Erhaltung der Kirche. Timofejs Wohnhaus wurde in ein **MUSEUM** umgewandelt. Gehen Sie durch das meist offen stehende Türchen. Schon beim Betreten kommen Empfindungen hoch, als würde man einen geheimen Ort entdecken. Dann tut sich ein zauberhafter **GARTEN** auf, mit Obstbäumen, Kapelle und Museum. Alles abgeschirmt von Abgasen, Baulärm, vom Hupen der Autos und dem Klingeln der

Radfahrer – mit einem Mal herrscht nur noch Ruhe und Frieden. Spazieren Sie durch die Anlage bis zur **KIRCHE**, deren Tore Ihnen offen stehen. Treten Sie ein in diesen andächtigen Raum. Nehmen Sie sich Zeit, um innezuhalten.

ABSTECHER ZUM OLYMPIABERG

Gern können Sie sich danach im Garten mit seinen reizenden Kuriositäten umsehen. Oder Sie unternehmen einen Streifzug durch den Olympiapark. Steigen Sie unbedingt auf den 2 OLYMPIABERG und genießen von oben den herrlichen Blick über den See und die Stadt. Bei guter Fernsicht reicht das Bilderbuch-Panorama bis zu den Alpen. Mit diesem Abstecher runden Sie Ihren persönlichen Friedenstag in der Natur ab.

WEITERE INFOS:

→ www.ost-west-friedenskirche.de

MEDITATION FÜR DEN INNEREN FRIEDEN

Diese Übung kann sitzend oder stehend durchgeführt werden. Entspannen Sie Ihre Schultern und Ihr Gesicht. Lösen Sie die Zunge vom Gaumen. Schließen Sie Ihre Augen. Lenken Sie Ihre Aufmerksamkeit mehr und mehr nach innen. Atmen Sie durch die Nase ein und wieder aus. Wenn Gefühle der Unruhe oder Ablenkung kommen: Lassen Sie diese wie Wolken weiterziehen. Sie haben jeden Moment die Wahl, sich für Ihren Frieden zu entscheiden, um innere Ruhe, Frieden und Gelassenheit zu erfahren. Energie fließt immer dahin, worauf Sie Ihre Aufmerksamkeit richten. Wenn Ihre Gedanken ständig um Sorgen und Ängste kreisen, werden Sie auch negativ gestimmt durch den Tag gehen. Tanken Sie Zuversicht, indem Sie Ihre Energie auf die guten Dinge in Ihrem Leben richten. Und auf Ihren inneren Frieden. Zur Unterstützung dient das Mantra »Ich bin im Frieden.« Verweilen Sie einen Moment in dieser positiven Energie und in dem Bewusstsein, dass alles gut ist, wie es ist. Haben Sie Vertrauen ins Leben. Finden Sie Frieden in Ihrem Herzen. Seien Sie bereit, den Rest Ihres Tages zu genießen. Kultivieren Sie den Frieden in sich.

BRONZEGRABSTEIN AM ALTEN NORDFRIEDHOF

FRIEDLICHER RÜCKZUGSORT

ALTER NORDFRIEDHOF

Es mag ungewöhnlich klingen, eine Auszeit auf dem Friedhof zu verbringen. Doch der Alte Nordfriedhof ist ein Refugium der besonderen Art. Die Menschen in der Maxvorstadt schätzen ihn auch in ihrer Freizeit.

Straßen-schachfläche

Adalbertstraße

Arkaden-gräber

Grab Michael Wagmüller

Arcisstraße

Zieblandstraße

START & ZIEL
Arcisstraße

START UND ZIEL
Arcisstraße

DISTANZ 1,3 km

DAUER ca. 1–2 Std.

ANFAHRT
Bus 153, 154 Arcisstraße

MITNEHMEN
Notizbuch oder Journal, Stift

Vorbei an majestätischen Grabstätten, moosbewachsenen Skulpturen und verwitterten, schief stehenden Denkmälern.

Das hätte sich Stadtbaurat Arnold Zenetti nicht träumen lassen, dass auf dem Friedhof, für den er in den 1870er-Jahren die Entwürfe lieferte, einmal gejoggt, sonnengebadet und gespielt werden würde. Für die Anwohner ist der Friedhof, der einmal über 7000 Grabstätten zählte - heute nur noch 700 -, eine Naturoase mit Liegewiese im Sommer. Im Frühjahr duftet er nach Bärlauch; besonders romantisch gibt er sich im Winter, wenn die Grabsteine ein Schneehäubchen tragen.

WEGE DURCH DEN FRIEDHOF

Von der Arcisstraße starten Sie in nördliche Richtung. Schon bald sehen Sie links eine hohe Backsteinmauer; etwa 200 m weiter in Laufrichtung liegt der Haupteingang. Beim Eintreten empfängt Sie wohltuende Ruhe und andächtige Stille. Keine Radfahrer, keine lauten Geräusche. Dafür Bänke unter hohen Bäumen und gepflegte Grünflächen wie in einem Park. Tatsächlich befinden Sie sich in einem der ältesten Stadtfriedhöfe Münchens, 1868 eröffnet, auf dem seit 1944 kein Begräbnis mehr stattfand. Die Lage dieser Grünfläche mitten in der Maxvorstadt ist einzigartig. Wen wundert es, dass sie von den Anwohnern als Rückzugsraum genutzt wird.

Lassen Sie sich ein wenig treiben. Vorbei an majestätischen Grabstätten, moosbewachsenen Skulpturen und verwitterten, schief stehenden Denkmälern. Viele bekannte Persönlichkeiten haben hier ihre ewige Ruhe gefunden. Schauspieler, Politiker, Wissenschaftler, Schriftsteller und andere Künstler, darunter der königliche Bildhauer Michael Wagmüller, der seine eigene Grabskulptur anfertigte. Er hatte sie auf der Weltausstellung 1876 in Paris vorgestellt und nicht geahnt, dass sie fünf Jahre später sein eigenes Grab schmücken würde.

Schon am Eingang laden Bänke unter Bäumen zur Rast ein. Nehmen Sie diese Einladung an. Verweilen Sie einen Moment, vielleicht in Gedanken an all die Menschen, die hier vor langer Zeit ihre letzte Ruhe gefunden haben. Zwischen den efeuumrankten Gräbern mit verwitterten Inschriften wird deutlich, wie vergänglich das Leben ist. Was meinen Sie, wofür werden Sie am Ende Ihres Lebens dankbar sein? Was macht Sie stolz? Was ist Ihnen in Ihrem Leben bisher besonders gut gelungen?

Wenn Sie den Spaziergang fortsetzen, wird Ihnen auffallen, dass Sie sich in einem überschaubaren Areal mit vier mal vier gleichmäßig angelegten Rechtecken befinden, einer. Symmetrie, dank der man sich leicht orientieren kann. Sie können nun vom Eingang links den diagonalen Weg bis zur Friedhofsmauer entlanglaufen. Dort rechts den Weg nehmen, der quer durch das Areal

FRÜHLING IM FRIEDHOF

ARKADENGRÄBER

führt. In der Mitte des Geländes weiter in nördliche Richtung gehen. Vor dem letzten Raster schlagen Sie den Weg links ein und bei der nächsten Möglichkeit wieder links. Zwei Parzellen weiter kommen Sie zu der bereits erwähnten Grabskulptur von **MICHAEL WAGMÜLLER**. Noch vor dem letzten Raster biegen Sie links ab und steuern auf die 1 **ARKADENGRÄBER** zu. Hier sind Sie bereits am westlichen Ende des Friedhofs angelangt. Außerhalb der Friedhofsmauer wurde ein Spielplatz mit Bolz- und Basketballfeld angelegt. Gleich dahinter befindet sich eine 2 **STRASSENSCHACHFLÄCHE**, die zu einer Partie Schach einlädt.

Wenn Sie innerhalb des Friedhofs bleiben, kommen Sie am Ausgangstor vorbei, bis Sie fast die nördliche Seite der Friedhofsmauer erreicht haben. Dort biegen Sie rechts ab und setzen Ihren Weg zwischen Mauer, üppigem alten Baumbestand und kunstvoll gestalteten Grabmälern in östliche Richtung fort. Nach zwei Parzellen können Sie entscheiden, ob Sie weiterlaufen oder den Weg diagonal zum Ausgang nehmen.

LISTE DER DANKBARKEIT

Nehmen Sie Notizbuch und Stift zur Hand. Heute sind Sie eingeladen, Ihr persönliches Dankbarkeitstagebuch zu beginnen. Sie legen damit einen täglichen Fokus auf innere Freude und Zufriedenheit. Diese minimalistische Achtsamkeits-Routine wirkt sich nachweislich auf Ihr Wohlbefinden, Ihre Stimmung und Ihre Psyche aus. Starten Sie mit der Frage: Wofür sind Sie heute dankbar? Nehmen Sie sich Zeit und reflektieren, warum Sie wofür dankbar sind.

Was darf Sie heute Besonderes begleiten? Denken Sie dabei an etwas Positives, etwas, das mit Ihnen selbst zu tun hat. Stellen Sie sich jeden Tag diese Fragen und schreiben sie auf. Gutes Gelingen für eine tägliche Routine und bleibende Glücksgefühle!

NEPTUNBRUNNEN IM ALTEN BOTANISCHEN GARTEN

GRÜNER ENERGIE-KICK IN DER CITY

ALTER BOTANISCHER GARTEN

Im geschäftigen Großstadttreiben zwischen Stachus, Hauptbahnhof und Königsplatz verlockt eine kleine grüne Oase zum Krafttanken: der Alte Botanische Garten mit seinen schattenspendenden Bäumen, Brunnen und Blumenbeeten.

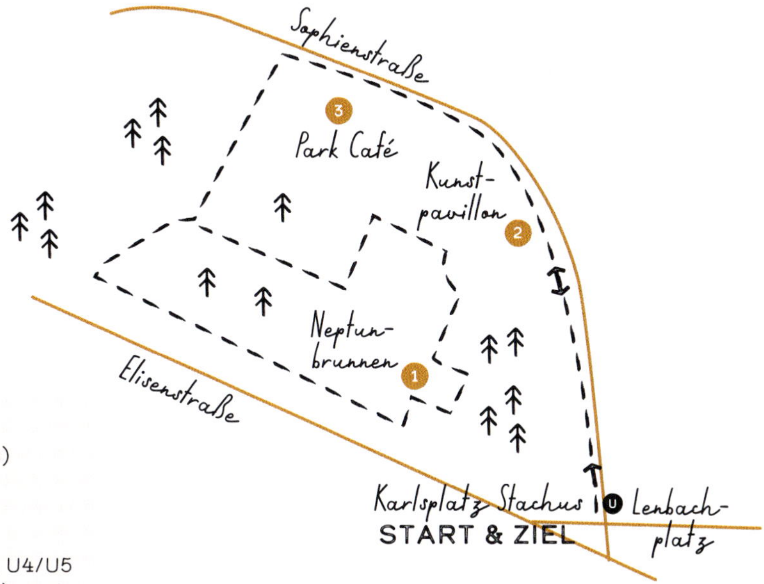

START UND ZIEL
Karlsplatz (Stachus)

DISTANZ 1–1,5 km

DAUER 1 Std.

ANFAHRT S1, S4, S6–S8, U4/U5
Karlsplatz (Stachus)

MITNEHMEN
Sitzunterlage

Egal, ob Sie gerade beim Shoppen in der Fußgängerzone sind, von einem Termin beim Amtsgericht kommen oder Mittagspause machen - ein Besuch des kleinsten Parks Münchens bietet sich auch deshalb an, weil er so zentral und gut erreichbar ist.

Wenn Sie nicht ohnehin gerade in der Nähe sind, dann starten Sie Ihre Auszeit an der Haltestelle Stachus. Von dort in nordöstliche Richtung gehen und den Justizpalast links liegen lassen. Am Lenbachplatz überqueren Sie die Elisenstraße und biegen danach links ab. Und schon sind Sie am Rande des Stadtparks angelangt, der zu Beginn des 19. Jh. der Wissenschaft diente. Einzig das frühklassizistische Tor im Ostteil erinnert an die Zeit, in der hier tropische Pflanzen in Gewächshäusern und exotische Bäume angesiedelt wurden. Dichterfürst Goethe verewigte sich mit einer lateinischen Inschrift am Eingangsportal, die übersetzt bedeutet: »Der Blumen über den Erdkreis zerstreute Gattungen auf Geheiß des Königs Maximilian Joseph 1812 hier vereint«. Auf dem Areal stand auch der berühmte **GLASPALAST**, ein gläsernes Ausstellungsgebäude, das 1931 einem Brand zum Opfer fiel - und mit ihm 110 Gemälde der Sonderausstellung »Werke deutscher Romantiker«.

BLÜTENPRACHT IM SOMMER

VOM NEPTUNBRUNNEN ZUM PARK-CAFÉ

Schon nach wenigen Metern stehen Sie vor dem Eingang, nehmen ein paar Stufen und steuern geradewegs auf den prächtigen ❶ **NEPTUNBRUNNEN** zu. Benannt nach dem römischen Meeresgott, dargestellt mit Dreizack und Tunika neben einem Fabelwesen, und in der Mythologie als Herrscher der springenden Quellen verehrt. An heißen Sommertagen ist es ein Genuss, auf der Steinumrandung zu sitzen und die leichte Brise des Wasserspiels zu spüren.

Wenige Schritte weiter befindet sich etwas versteckt der ❷ **KUNSTPAVILLON**, der nach Kriegsende als Symbol für den »demokratischen Aufbruch in Bayern« geschaffen wurde. Die Galerie für zeitgenössische Kunst versteht sich nicht nur als Ort der Besinnung und Reflexion, sondern dient auch als Werkstätte und Diskussionsforum. Schauen Sie doch einmal vorbei und besuchen eine der wechselnden Ausstellungen.

Schlendern Sie quer durch den Park, vorbei an üppigen Blumenbeeten, mit Blick hinüber zum **JUSTIZPALAST**. Über die Wiesen und unter dem alten Baumbestand hindurch. Parkbänke laden zum Verweilen ein. Oder Sie bringen eine Unterlage mit und machen es sich für eine Weile unter einem der Bäume aus fernen Ländern gemütlich, und zwar ohne Blick auf Ihr Smartphone.

Eine digitale Auszeit (s. Kasten) lässt sich gut dazu nutzen, um mit anderen Menschen in Kontakt zu kommen. Das muss nicht unbedingt ein tiefgreifendes Gespräch sein. Ein paar nette Worte tun es auch. Vielleicht blicken Sie jemandem im Vorübergehen in die Augen und schenken ihm oder ihr ein Lächeln. Oder Sie erzählen, dass Sie gerade eine digitale Auszeit machen und fragen dabei nach der Uhrzeit. Wenn Sie eine kulinarische Pause brauchen, dann kehren Sie im **3 PARK CAFÉ** ein. Das Restaurant, in einem Gebäude aus den 1930er-Jahren untergebracht, ist eine genussvolle Institution im Zentrum und lädt am Wochenende zu einem exquisiten Jazz-Brunch ein. Im **BIERGARTEN** schweift der Blick über weite Teile des Alten Botanischen Gartens, der 1914 vom Neuen Botanischen Garten in Nymphenburg (s. S. 88, Tour 17) abgelöst wurde.

Am Ende Ihrer Pause schlendern Sie nochmal unter den Bäumen hindurch, nehmen das Vogelgezwitscher wahr, freuen sich an der Blütenpracht, speichern in Ihrer inneren Kamera den Blick über Gräser und Beete hinüber zum Justizpalast und machen sich auf den Weg zurück zum Stachus.

DIGITAL DETOX IN DER CITY

Machen Sie den kleinen Park heute zu Ihrer WLAN-freien Wohlfühlzone. Insbesondere wenn Sie beruflich unterwegs sind, aber auch während Ihrer Pause. Gönnen Sie sich mindestens eine 20-Min.-Offline-Pause. Schalten Sie Ihr Gerät aus. Nicht nur auf »stumm« oder in den Flugmodus stellen. Gemeint ist tatsächlich OFF. Hier können Sie sich nicht verlaufen und haben dazu die Möglichkeit, dem ständigen Unruhezustand, dem fortwährenden Nachrichten-Check, dem Fotografieren und digitalen Festhalten von Eindrücken zu entkommen. Erlauben Sie sich den Luxus, nicht jeden Moment verfügbar zu sein und die aktuellsten Nachrichten abrufen zu müssen. Spüren Sie hin, wie es sich anfühlt, nun offline zu sein. Gibt es körperliche Reaktionen?

Sollte Ihnen diese Übung schwerfallen, dann verkürzen Sie die Zeitspanne und versuchen, einen regelmäßigen Rhythmus zu finden, indem Sie Ihre digitale Offline-Zeit peu à peu verlängern.

DIANATEMPEL IM HOFGARTEN

LUSTWANDELN WIE AM KÖNIGSHOF

HOFGARTEN

Kaum hat man das Portal am Odeonsplatz durchschritten und den Hofgarten betreten, wird man empfangen von Bäumen und Blumenbeeten, Brunnen und einem bezaubernden Tempelchen. Viele stille Plätze laden zum Entspannen ein.

Galeriestraße

Boule-Platz am Nymphenbrunnen

3

START & ZIEL
Odeonsplatz

U

1

Diana-tempel

2

Bayerische Staats-kanzlei

Köglmühlbach

START UND ZIEL
Odeonsplatz, Eingang Hofgarten

DISTANZ 2 km

DAUER ca. 1–2 Std.

ANFAHRT U3/U6, U4/U5, Bus 100, 153 Odeonsplatz

MITNEHMEN Glanzlackmarker

Start ist an der Haltestelle Odeonsplatz, von dort spazieren Sie durch den von Leo von Klenze erbauten Torbogen der Mauer in der Verlängerung der Residenz. Und schon sind Sie mittendrin im grünen Idyll am Rande der historischen Altstadt. In seiner heutigen Form gibt es den Hofgarten seit dem frühen 17. Jh. Kurfürst Maximilian I. ließ ihn von 1613 bis 1617 anlegen, als Vorbild dienten ihm die Renaissancegärten in Italien. Damals durften jedoch nur Herzöge und Kurfürsten hier flanieren. Erst um 1780 machte Kurfürst Karl Theodor den Park auch für die Öffentlichkeit zugänglich.

VOM HOFGARTENTOR ZUM DIANATEMPEL

Beeindruckende **ARKADENGÄNGE** mit nicht minder eindrucksvollen Fresken fassen den Hofgarten ein: Im nördlichen Gang entlang der Galeriestraße befindet sich u. a. das **DEUTSCHE THEATERMUSEUM**, das einen herausragenden Einblick in die Welt des deutschen Theaters gibt. Im westlichen Arkadengang entlang der Ludwigstraße sind die historischen **FRESKEN** von Schülern des Malers Peter Cornelius zu sehen. Der Meister selbst hat sich in der nahen **LUDWIGSKIRCHE** mit dem zweitgrößten Altarfresko der Welt, »Das jüngste Gericht«, ein Denkmal für die Ewigkeit gesetzt.

Gleich zu Beginn fällt der scheinbare Mittelpunkt der Parkanlage auf, der Hofgartentempel, von den Münchnern auch **1 DIANATEMPEL** genannt. Eine Lindenallee führt zu dem grazilen, zwölfeckigen Pavillon, der häufig eine Bühne für Musiker bietet, die hier ihr Publikum verzaubern, beispielsweise mit einem ganz intimen Violin- oder Gitarrenkonzert. An Sommerabenden findet sich hier oftmals ein kleiner Kreis von begnadeten Tänzern ein, die ihrem Hobby frönen und ihr Tanzbein zu Salsa- oder Tangorhythmen schwingen. Da fragt man sich: Wenn schon das Zusehen das reinste Vergnügen ist, wie schön mag erst das Tanzen selbst sein?
Auf einer der vielen Parkbänke lässt es sich zu jeder Jahreszeit herrlich entspannen.
Im Frühjahr verzaubert der Anblick der rot blühenden Kastanienbäume gegenüber dem **HERKULESSAAL**, aber auch der Herbst mit seiner feurig-bunten Blätterpracht gibt im Hofgarten ein Naturschauspiel. Wenn Sie dann noch das Glück haben und einer der Klarinettisten oder eine der Pianistinnen Sie mit ihrer Kunst erfreut, nehmen Sie diese Gelegenheit wahr, setzen sich auf eine Parkbank und lauschen der Musik. Umgeben vom sanften Plätschern der Brunnen taucht man ein in eine Welt der Klänge.

Wenn schon das Zusehen das reinste Vergnügen ist, wie schön mag erst das Tanzen selbst sein?

BLICK AUF DIE THEATINERKIRCHE

Schenken Sie dem Hofgartentempel mit seinen acht Eingangsbögen Ihr Augenmerk. Im Inneren zieren ihn vier mit Muscheln besetzte Grottenbrunnen. Seine Kuppel krönt die Kopie einer **BRONZEFIGUR** von Hubert Gerhard, die »Tellus Bavarica«, was übersetzt »Bayerische Erde« bedeutet. Die Allegorie verkörpert die fünf Reichtümer des Landes Bayern, nämlich Getreide, Wild, Wasser, Salz und den sogenannten Kur- oder Reichsapfel, Symbol für die politische Macht. Das kostbare Original kann übrigens im Residenzmuseum bewundert werden.

Alternativ schlendern Sie weiter durch den symmetrisch angelegten Garten in Richtung Osten bis vor die **2 BAYERISCHE STAATSKANZLEI** mit ihrem gläsernen Neubau. Dort spenden Ahornblättrige Platanenbäume im Sommer Schatten und schenken dem Besucher im Herbst riesige buntgefärbte Blätter. Auch hier bietet sich die Möglichkeit, auf einer der Bänke Platz zu nehmen, oder man setzt sich, angelehnt an eine der Platanen, auf den Boden, und lässt seinen Blick entlang des Stammes nach oben in die Baumkrone schweifen.

VOM NYMPHENBRUNNEN ZUM ODEONSPLATZ

Der Hofgarten befindet sich in den südlichen Ausläufern des Englischen Gartens.

DEN KLÄNGEN LAUSCHEN

Schließen Sie die Augen, vielleicht wärmen die Sonnenstrahlen Ihr Gesicht – auf alle Fälle dürfen Sie hier SEIN und einfach nur lauschen. In der Innenstadt wird es immer Hintergrundgeräusche geben. Nehmen Sie das Stimmengewirr wahr, lassen es wie Vögel in die Lüfte steigen, und hören Sie wieder genau hin. Wenn Sie den Impuls verspüren, weiterzugehen, oder Ihre Pause schon zu Ende ist, kommen Sie erfüllt von diesen Klängen zurück und nehmen diese Minuten mit in den restlichen Tag.

DETAIL NYMPHENBRUNNEN

Mit etwas mehr Zeit lässt sich der Ausflug erweitern: Sie können beispielsweise entlang des Schwabinger Bachs oder Eisbachs in den Englischen Garten hinüberwandern, den Eisbachsurfern bei ihren tollkühnen Aktionen zusehen, dem Haus der Kunst einen Besuch abstatten oder im Japanischen Teehaus einer traditionellen Teezeremonie beiwohnen. Für heute aber bleibt es beim Aufenthalt im Hofgarten, wo Sie auf dem Rückweg den **BOULESPIELERN** zuschauen können, die auf den seitlichen Kieswegen nahe dem 3 **NYMPHENBRUNNEN** ihre spannenden Partien austragen. Viele von ihnen kommen regelmäßig her und haben es inzwischen fast zur Perfektion gebracht. Bringen Sie doch Ihre Kugeln beim nächsten Mal mit und verabreden sich mit Freunden zu einem Spiel.

Der Hofgarten mit seinem stilvollen, aber dennoch legeren Ambiente hat sich bereits seit den 1970er-Jahren zu einem Tummelplatz in Sachen Boule (anderswo Pétanque oder Boccia genannt) entwickelt und wird von Hobby- und Turnierspielern gleichermaßen frequentiert, die alle die ungezwungene Atmosphäre des Parks schätzen. Ein Highlight der Boule-Gemeinde ist das jährlich im Sommer stattfindende **HOFGARTEN-TURNIER**. Seit 1983 wird es am Wochenende um den 14. Juli ausgerichtet, sozusagen als Reminiszenz an den französischen Nationalfeiertag. Das Turnier gehört zu den drei großen Boule-Events in Deutschland.

Verlassen Sie das grüne Kleinod wieder über das Tor am Odeonsplatz, im Nu sind Sie wieder im trubeligen Großstadtleben angelangt. Vor Ihnen erhebt sich die

HERRLICHE WEGE ZUM FLANIEREN

wunderschöne, in freundlichem Gelb gestrichene **THEATINERKIRCHE** (St. Kajetan), der Sie vielleicht noch einen Besuch abstatten sollten, wenn es Ihre Zeit zulässt. Und vom Dianatempel hinter Ihnen wehen leise die letzten Klänge der Musiker herüber. Bestimmt wird das nicht Ihr letzter Besuch im Hofgarten gewesen sein.

WEITERE INFOS:

Wer am Boulespiel, seinen Regeln und Turnierankündigungen interessiert ist, findet weitere Informationen auf der Website des Vereins 1. Münchner Kugelwurfunion - Pétanque Munichoise.
→ www.mkwu.de

KREATIV UND NATÜRLICH

Im Herbst fallen die außergewöhnlich großen Blätter der Ahornblättrigen Platanen kunterbunt herab. Suchen Sie sich doch einfach das ein oder andere der allerschönsten Blätter aus und schreiben Sie darauf eine kurze Nachricht an jemanden, an den Sie gerade denken: ein Spruch für den Kollegen oder die Kollegin, oder Sie formulieren eine besondere Botschaft an einen Nachbarn oder eine Freundin. Das kann »Ein kurzer Gruß aus dem herbstlichen Hofgarten« sein oder eine Idee wie »Lass uns doch mal wieder einen Spaziergang durch den Hofgarten machen«. Ich verspreche Ihnen in jedem Fall eine überraschende, positive Reaktion! Tipp: Verwenden Sie einen Glanzlackmarker, der volldeckend, wisch- und wasserfest ist. Dieser sollte sich für fast alle Oberflächen eignen – auch für Naturmaterialien.

KABINETTSGARTEN: GELUNGENE SYMBIOSE AUS ALT UND NEU

EIN BEZAUBERNDES VERSTECK

KABINETTSGARTEN

Ein verborgenes Kleinod wartet auf Besucher zwischen der Allerheiligen-Hofkirche und dem Gemäuer der Residenz. Der intime Kabinettsgarten ist eine Oase der Ruhe und selbst für Münchner noch ein Geheimtipp.

START UND ZIEL
Odeonsplatz

DISTANZ 2 km

DAUER ca. 1–2 Std.

ANFAHRT
U3/U6, U4/U5, Bus 100, 153
Odeonsplatz

MITNEHMEN
Ein Buch zum Schmökern

START
& ZIEL
U
Odeonsplatz
Feldherrnhalle 1
2
Kaiserhof, Residenz
3
Apothekenhof, Residenz
Residenzstraße
Kronprinz-Rupprecht-Brunnen 4
5 Kabinettsgarten
Allerheiligen-Hofkirche 6

BÄNKE LADEN ZUR RAST EIN

Diesen schmalen Hof am Ostrand der Residenz gibt es zwar bereits seit 1832, aber weil er mehr einer Nische ähnelte und nur durch eine schmale Öffnung betreten werden konnte, geriet er im Lauf der Zeit in Vergessenheit. Erst ab dem Jahr 2000 wurde das verwilderte Grundstück aus seinem Dornröschenschlaf geholt und vom Landschaftsarchitekten Peter Kluska in ein Schmuckstück verwandelt. Unter dem Namen Kabinettsgarten wurde daraus ein Ort zum Entspannen, Nachdenken, Lesen - kurzum, ein perfektes Hideaway.

VON DER FELDHERRNHALLE ZUM KABINETTSGARTEN

Am Odeonsplatz gehen Sie auf die 1 **FELDHERRNHALLE** zu und nehmen links das erste Tor in die **RESIDENZ**. Gleich darauf empfängt Sie der repräsentative 2 **KAISERHOF**. Werfen Sie einen Blick auf die prächtigen Fassaden und gehen weiter zum 3 **APOTHEKENHOF**, wo Max von Pettenkofer einst seine Hofapotheke betrieb. Dort verlassen Sie das Gemäuer der Residenz und stehen bald darauf vor dem plätschernden 4 **KRONPRINZ-RUPPRECHT-BRUNNEN**. Hier geht es rechts in Richtung Marstallplatz. Noch vor der Allerheiligen-Hofkirche sehen Sie zur Rechten das kleine Tor zum 5 **KABINETTSGARTEN**. Geheimnisvoll präsentiert sich dieser versteckte Gartenraum, der erst seit der Neugestaltung 2003 als einer von zehn Innenhöfen der Residenz für die Öffentlichkeit zugänglich ist.

Treten Sie ein, verweilen einen Moment am Portal und nehmen die beinahe andächtige Atmosphäre wahr. Lassen Sie den Blick durch dieses Kleinod schweifen, am Mittelweg entlang, vorbei an den in der Sonne glitzernden Wasserflächen. Flanieren Sie durch diese minimalistische und doch so brillant gestaltete Anlage. Am Ende wartet ein kleiner Platz mit einem von vier Platanen eingerahmten **SPRINGBRUNNEN**. Ein Blickfang sind die Bodenplatten, Stufen und Steinblöcke aus hellem Kalkstein sowie die flachen **WASSERBECKEN** mit den roten und grünen Glasflächen.
Stein- und Holzbänke laden zu einer Rast ein. Nehmen Sie diese Einladung an und wählen für die Übung Lichtbaden (s. S. 41) einen Platz mit Sonneneinstrahlung aus.

Licht- und Sonnenbäder werden übrigens schon seit Urzeiten in gesundheitlichen Therapien eingesetzt. Die Wärme bringt den Stoffwechsel in Schwung, kurbelt die Vitamin-D-Produktion an und stärkt auf natürliche Art das Immunsystem. Ein Sonnen-

brand sollte natürlich vermieden werden. Es genügt ein Aufenthalt in der Sonne von 10 bis 20 Min.

VON DER ALLERHEILIGEN-HOFKIRCHE ZUM ODEONSPLATZ

Bevor Sie sich auf den Weg zurück machen, sollten Sie unbedingt der zauberhaften **6 ALLERHEILIGEN-HOFKIRCHE** einen Besuch abstatten (falls nicht gerade ein Konzert oder eine Probe stattfindet). Das im Zweiten Weltkrieg zerstörte Gebäude erstrahlt seit seiner aufwendigen Restaurierung in neuem Glanz und dient heute als Konzertsaal. Über Apotheken- und Kaiserhof der Residenz (www.residenz-muenchen.de) gelangen Sie zurück zum Odeonsplatz.

LICHTBADEN

Wählen Sie einen Platz in der Sonne, schließen Sie die Augen, und atmen zwei bis dreimal tief ein und wieder aus. Lassen Sie sich von der Sonne anstrahlen oder stellen Sie sich in Gedanken ein Licht vor. Das kann eine Lampe oder das Mondlicht sein. Wenn Sie sich mit diesem Gefühl vertraut gemacht haben, laden Sie dieses Licht ein, in Sie zu strömen. Die Sonne scheint zunächst auf Ihre Kopfhaut, erwärmt Ihren Scheitel und leuchtet über Ihren Kopf. Überall dort, wo die Sonnenstrahlen oder das Licht erstrahlen, lösen sich dunkle Gedanken und Verspannungen auf. Es taucht tief in Ihre Erinnerung ein, erfüllt Sie mit Ruhe und Klarheit, Frieden und Gelassenheit. Laden Sie das Licht ein, tiefer über Ihren Hals, in Ihren Brustkorb und in den Bauchraum zu strömen, bis in den Beckenboden. Spüren Sie, wie sich das Licht ausbreitet und Ihnen mehr Lebensenergie schenkt. Erlauben Sie dem Licht, weiter zu strahlen, über die Hüften und Beine bis in die Zehen. Spüren Sie, wie es bei Ihren Wurzeln angekommen ist. Lassen Sie es durch Ihre Arme in die Hände und bis in die Fingerspitzen strömen. Vielleicht überkommt Sie eine wohlige Wärme – alle Empfindungen sind erlaubt. Nehmen Sie diesen besonderen Moment wahr, genießen Leichtigkeit und Entspannung. Atmen Sie noch einmal tief ein und aus. Wenn Sie bereit sind, öffnen Sie die Augen und nehmen Ihre Umgebung wieder wahr. Tragen Sie dieses Licht weiter in die Welt.

TREFFPUNKT FRIEDENSENGEL

BEHÜTET VON EINEM GOLDENEN ENGEL

MAXIMILIANSANLAGEN UND VILLA STUCK

Ein Spaziergang durch die grünen Maximiliansauen ist eine Wohltat für Körper, Geist und Seele. Zugleich ist er eine Reise in Bayerns königliche Vergangenheit, in der Architektur und schöne Künste eine Hauptrolle spielten.

START UND ZIEL
Villa Stuck,
Prinzregentenstr. 60

DISTANZ 2 km

DAUER ca. 1-2 Std.

ANFAHRT Bus 100, Tram 37
Friedensengel/Villa Stuck

MITNEHMEN
Schuhe mit weichen Sohlen
(für die Gehübung)

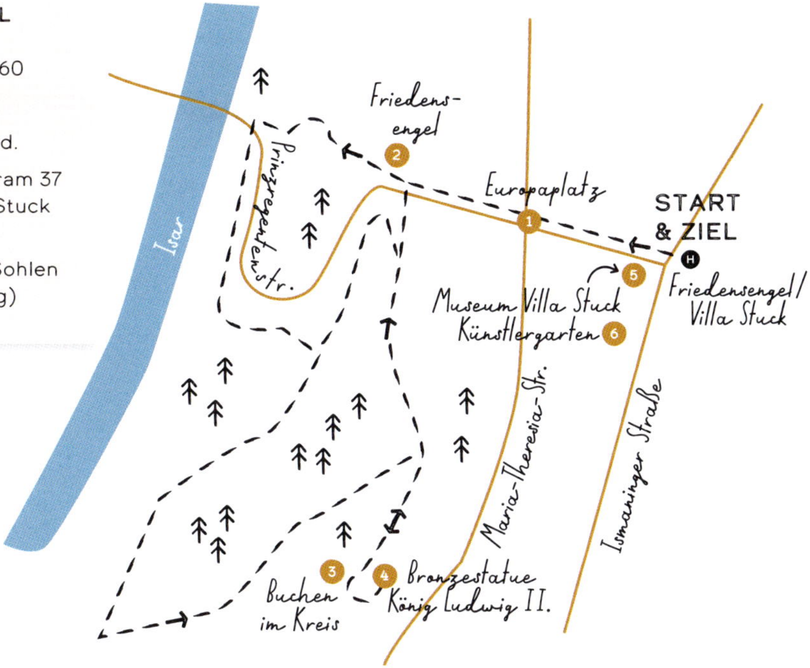

Isar
Prinzregentenstr.
Friedens-engel 2
Europaplatz 1
START & ZIEL
5
Friedensengel/Villa Stuck
Museum Villa Stuck
Künstlergarten 6
Maria-Theresia-Str.
Ismaninger Straße
3 Buchen im Kreis
4 Bronzestatue König Ludwig II.

Bestimmt ist Ihnen das prächtige Gebäude an der Prinzregentenstraße schon aufgefallen. Die neoklassizistische Villa Stuck ist nicht nur optisch ein Blickfang. Neben Ausstellungen zeitgenössischer Kunst beherbergt das ehemalige Domizil des »Malerfürsten« Franz von Stuck auch dessen bedeutende Gemälde- und Skulpturensammlung.

südlichen Teil des Englischen Gartens treiben. Flanieren Sie unter Baumriesen hindurch und atmen dabei ganz bewusst tief ein und wieder aus. Achten Sie bei diesem Spaziergang darauf, sehr langsam zu gehen (s. S. 45). Zu Beginn wird Ihnen das ungewohnt vorkommen. Üben Sie sich also ein wenig in Geduld, wenn Sie die neue Langsamkeit entdecken und ausprobieren.

VOM EUROPAPLATZ IN DIE MAXIMILIANSANLAGEN

Ausgangspunkt ist die Haltestelle Friedensengel/Villa Stuck, von dort geht es über den 1 EUROPAPLATZ zum 2 FRIEDENSENGEL. Auf einer 23 m hohen Säule thront die Friedensgöttin Nike, die Ende des 19. Jh. als Erinnerung an die 25-jährige Friedenszeit nach 1871 errichtet wurde. Werfen Sie bewusst einen Blick auf die schier endlose Autokarawane auf beiden Seiten der Prinzregentenstraße unter Ihnen. Nehmen Sie dieses Bild wahr, und freuen sich auf das folgende Kontrastprogramm.

Vor dem Friedensengel gibt es mehrere Wege, die in die Maximiliansanlagen führen. Die einen schlängeln sich in Serpentinen hinunter zur Isar und wieder hoch, andere führen eher sanft am Hochufer entlang. Lacht die Sonne vom Himmel, ist auf dem Isarweg entlang des Ufers mächtig was los. Er gilt als Münchens »Radel-Autobahn« und ist für die heutige Auszeit nicht geeignet. Bleiben Sie am Hochufer, nehmen den Weg nach Süden und lassen sich durch den

VOM ISARUFER ZUM KÜNSTLERGARTEN

Bewundern Sie nebenbei die hohen Buchen am Ufer. Bereits Mitte des 19. Jh. hat der damalige Monarch den Hofgärtner Carl von Effner beauftragt, am rechten Isarufer, zwischen dem heutigen Haidhausen und Bogenhausen, einen Fußweg mit Pflanzungen anzulegen. Daraus entstand diese kunstvolle **PARKLANDSCHAFT**, die früher als Schafweide genutzt wurde. Sie werden mit imposanten Ausblicken beschenkt, wenn Sie zwischen den Bäumen hinaustreten. Staunen Sie über eine 3 GRUPPE VON BUCHEN, die im Kreis zusammenstehen und ein Versteck bilden. Gönnen Sie sich auf Ihrem Spaziergang eine Rast auf einer Bank und sehen den Eichhörnchen zu, wie sie durchs Geäst bis hoch in die Baumkronen flitzen und von Baum zu Baum springen.

Über den **KÖNIG-LUDWIG-WEG**, dort, wo Bayernkönig Ludwig II. ein Festspielhaus für die Werke des Komponisten Richard Wagner geplant hatte, kommt man zum 4 DENKMAL FÜR LUDWIG II. Zum

KÜNSTLERGARTEN DER VILLA STUCK

Ärger des »Kini« war aus dem ambitionierten Projekt nichts geworden, seine Minister hatten wieder mal seine Pläne vereitelt.

Beenden Sie Ihren Achtsamkeitsausflug und schlendern zurück zum Europaplatz. Schon nach wenigen Metern erwartet Sie an der Ecke Ismaninger/Prinzregentenstraße die 5 **VILLA STUCK** mit einem von der Außenwelt abgeschirmten 6 **KÜNSTLERGARTEN**. Beschließen Sie dort Ihren Ausflug mit einer Tasse Tee oder Kaffee und spüren in diesem reizvollen Ambiente dem Streifzug nach (www.villastuck.de).

ACHTSAMES GEHEN

Lenken Sie die Aufmerksamkeit auf Ihre Füße. Wippen Sie mit der Fußsohle von den Ballen auf die Fersen, von der Außenkante auf die Innenkante der Füße. Wiederholen Sie dieses Wippen zwei bis dreimal. Konzentrieren Sie sich auf einen guten Stand, und atmen Sie ein paarmal tief ein und aus. Dann gehen Sie in einer aufrechten Haltung los, mit Blick nach vorne. Lassen Sie die Schultern bewusst weg von den Ohren, die Zunge entspannt im Mundraum liegen, der Bauch ist locker. Achten Sie gleichzeitig auf Ihre langsamen Schritte. Schenken Sie Ihren Fußsohlen Ihre ganze Aufmerksamkeit. Wie fühlen sich diese an, auf dem Kiesweg oder wenn Sie über größere Steine laufen? Wie verändert sich das Gefühl, wenn Sie über die Wiese oder über Baumwurzeln gehen? Nehmen Sie wahr, wie Sie sich an das langsame Gehen gewöhnen, wie Sie zunehmend entspannen und immer mehr in die Natur eintauchen. Probieren Sie aus, welcher Rhythmus für Sie stimmig ist. Versuchen Sie, den Atem mit Ihren Schritten zu synchronisieren. Bleiben Sie bei sich, im Hier und Jetzt.

ISAR-KASKADEN MIT BLICK AUF MÜLLERSCHES VOLKSBAD (RE.) UND MUFFATWERK (LI.)

GANZ GROSSES KINO AN DER ISAR

ISAR-KASKADEN, MAXIMILIANSBRÜCKE

Es muss nicht immer ein Kurztrip ans Meer sein, auch ein paar Stunden Auszeit an der Isar wirken Wunder. Wenn Sie dann noch die Augen schließen und dem Rauschen lauschen, fühlt sich das fast wie Meeresbrandung an.

START UND ZIEL
Mariannenplatz

DISTANZ 2,5–3 km

DAUER ca. 1–1,5 Std.

ANFAHRT
Tram 16 Mariannenplatz

MITNEHMEN Decke oder Tuch zum Drauflegen

AUF DER JUGENDSTILBRÜCKE KABELSTEG

Im Areal zwischen Lehel, Altstadt und Haidhausen lädt eine anmutige Flusslandschaft zum Schauen und Staunen ein. Für ganz großes Kino sorgen dabei die Isar-Kaskaden mit ihren tosenden Wassermassen.

Starten Sie am Mariannenplatz gleich hinter der Lukaskirche. Sie können nördlich oder südlich um die ❶ LUKASKIRCHE herum in Richtung Osten gehen und gelangen zur Steinsdorfstraße. Diese an der Ampel überqueren und geradeaus auf der ❷ MARIANNENBRÜCKE über die Isar. Fast nahtlos geht es über den Kabelsteg weiter. Der Fluss unter Ihnen wird an dieser Stelle »Kleine Isar« genannt. Er ist ein Seitenarm der Isar, der sich südlich der Museumsinsel von der Großen Insel ableitet und nördlich der **PRATERINSEL** wieder auf sie trifft.

VOM KABELSTEG ZU DEN MAXIMILIANSANLAGEN

Wenn Sie die filigrane Jugendstilbrücke ❸ KABELSTEG passiert haben, halten Sie sich links (Meilerweg). Den Spielplatz links liegen lassen und bei der nächsten Gabelung abermals den linken Weg nehmen. Nun geht es geradeaus Richtung Norden. Schon bald erreichen Sie den ❹ MAUERSTEG, der auf Holzplanken über zwei Gewässer führt: links über die »Kleine Isar«, rechts über den Auer Mühlbach - ein etwa 7 km langer, von Isarwasser gespeister kanalisierter **STADTBACH**. Den ❺ AUER MÜHLBACH gab es schon lange vor der Stadtgründung Münchens. Mühlen, Sägewerke, Schleifereien und andere Handwerksbetriebe nutzten sein Wasser als Antriebskraft.

Mit dieser Historie im Hintergrund schlendern Sie weiter über den Mauersteg auf die **MAXIMILIANSBRÜCKE** zu, unter ihr hindurch und halten sich danach links. Bei Hochwasser und während der Tauzeit im Frühling hören Sie schon das Toben des Wassers, das über die Stufen der ❻ ISAR-KASKADEN donnert. Spazieren Sie weiter, bis Sie direkt am östlichen Flussufer angekommen sind. Bleiben Sie am Geländer stehen und spüren die Sonnenstrahlen auf der Haut, die Nebelgischt auf den Wangen, eine leichte Brise, die durchs Haar weht ...

Von hier geht der Blick zur Maximiliansbrücke, während auf der anderen Seite die prachtvollen Fassaden der **JUGENDSTILHÄUSER** miteinander wetteifern.

Nehmen Sie den Rhythmus des Wasserrauschens in sich auf und suchen sich auf den Auenwiesen östlich des Ufers einen

schönen Platz für eine Übung (s. Kasten). Sie können am Ufer flussabwärts nach Norden laufen und eine Schleife über die **PRINZREGENTENBRÜCKE** zurück zum Ausgangspunkt machen. Oder Sie legen südlich des Kabelstegs eine Pause am **ISARSTRAND** ein. Urlaubsfeeling garantiert! Je nach Pegelstand findet sich ein kuschliges Plätzchen im Sand oder auf der Kiesbank. Lassen Sie sich von der Sonne wärmen und freuen sich über den gelungenen Tag.

IM RHYTHMUS VON WASSER TANZEN

Suchen Sie sich für diese Übung ein Plätzchen, wo Sie ungestört sind. Bleiben Sie stehen und versuchen Sie, sich an den Rhythmus des Wassers zu erinnern, wie Sie ihn gerade erlebt haben. Fangen Sie an, sich zu bewegen, lassen Sie Ihren Körper, Ihre Arme, die Beine in dem Rhythmus des Wassers, den Sie wachgerufen haben, fließen. Lassen Sie alles los: Ihre Füße, Hände, Arme und den Kopf. Bleiben Sie dabei ganz weich, genießen Sie es, sich gedanklich dahintreiben zu lassen. Geben Sie den Bewegungen nach, die spontan kommen. Waschen Sie sich frei von Gedanken, die Sie belasten. Nach einer Weile des Dahinfließens dürfen die Bewegungen langsamer, gemächlicher werden, ehe Sie wieder zum Stillstand kommen. Nehmen Sie sich vielleicht Ihre Jacke oder ein Tuch und legen Sie sich darauf auf die Wiese. Nun schließen Sie die Augen und schwingen den Bewegungen von gerade nach. Denken Sie an nichts Anderes. Seien Sie einen Moment einfach nur SIE. Wenn Sie soweit sind, öffnen Sie die Augen, bewegen Ihre Finger, die Hände, Beine, Füße und stehen vorsichtig auf. Spazieren Sie noch einmal vor zu den Kaskaden, nehmen einen Schwung Gischt im Gesicht mit in den restlichen Tag und spazieren mit diesem prickelnden Gefühl weiter.

BUCHENBÖGEN IM ROSENGARTEN

»LA VIE EN ROSE« IN DER AU

ROSENGARTEN AN DER SACHSENSTRASSE

Der Rosengarten an der Isar ist ein kleiner öffentlicher Park mit Zierhölzern und wunderschön angelegten Blumenbeeten. Betrieben wird die duftende Oase mit den bunten Schaugärten von der Stadtgärtnerei.

START UND ZIEL
Sachsenstraße 6

DAUER ca. 1–2 Std.

ANFAHRT
Bus 68 Claude-Lorrain-Straße, Fußweg 600 m

MITNEHMEN
Zutaten für ein Picknick

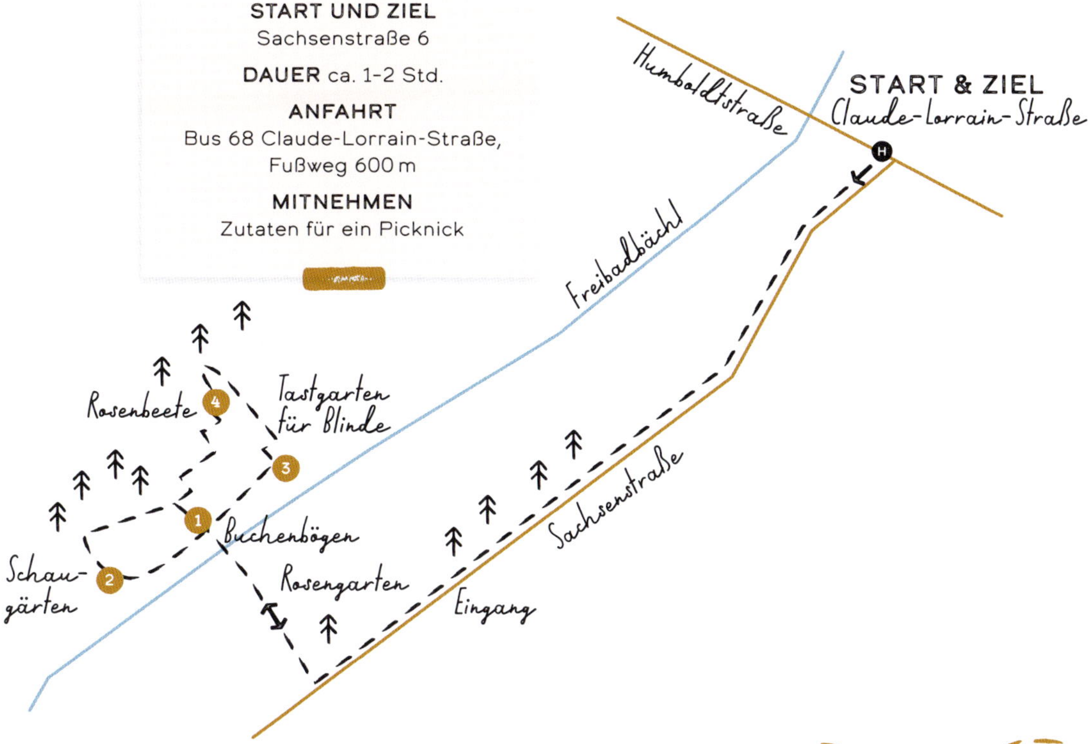

Humboldtstraße
START & ZIEL
Claude-Lorrain-Straße
Freibadbächl
Tastgarten für Blinde
Rosenbeete 4
3
Sachsenstraße
1 Buchenbögen
Schaugärten 2
Rosengarten
Eingang

Von der Bushaltestelle Claude-Lorrain-Straße spaziert man Richtung Süden, vorbei am Schyrenbad und biegt dann rechts in die Sachsenstraße ein. Der Rosengarten schließt direkt an die Liegewiese des Freibads an. Unmittelbar vor dem Gebäude Sachsenstraße 6 befindet sich der Eingang mit der Hinweistafel »Schaugärten an der Sachsenstraße«.

Der Ursprung des heutigen Rosengartens geht auf die Städtische Baumschule Bischweiler um das Jahr 1901 zurück. Geplant wurde die Anlage vom damaligen Stadtgartendirektor Jakob Heiler als Teil der **ISARANLAGEN**. Der eigentliche Rosengarten wurde erst 1955 angelegt und zwischen 1986 und 1989 vom Baureferat der Landeshauptstadt München erneut umgestaltet. Die weitläufige und in den Sommermonaten bunte Gartenanlage steht Interessierten und Erholungssuchenden täglich offen. Noch heute werden hier Blumen, Sträucher und Zierhölzer für die städtischen Beete kultiviert. Wer hierher kommt, um zu lesen, zu relaxen oder die Schönheiten der Natur in sich aufzunehmen, findet eine Fülle herrlicher Plätze.

VON DEN BUCHENBÖGEN ZU DEN ROSENBEETEN

Gehen Sie an der großen Wiese rechts nach dem Eingang vorbei, halten Sie sich dort zunächst links und flanieren durch die 1 **BUCHENBÖGEN**. Wenn Sie sich danach nach rechts wenden, kommen Sie direkt zu den Rosenbeeten. Empfehlenswert ist es, erst nach den Bögen links zu bleiben und eine Runde vorbei an den Beeten der 2 **SCHAUGÄRTEN** zu drehen. Dazwischen können sich Besucher auf weißen Metallstühlen oder auf Holzbänken niederlassen und die Ruhe genießen. Nicht selten begegnet man auf dem Rundweg Menschen, die auf der Wiese Picknick machen und fröhlich plaudern. Das sollten Sie sich vielleicht für Ihren nächsten Besuch vornehmen. Bevor die Runde zu Ende ist, gelangt man zum **LEHRGARTEN FÜR GIFTPFLANZEN AUS FELD, FLUR UND GARTEN**. Hier erfährt man nicht nur, welche Pflanzen giftig sind (z. B. Seidelbast, Bärenklau, Maiglöckchen, Eibe, Goldregen, Tollkirsche, Eisenhut, Herbstzeitlose …), sondern auch, dass viele von ihnen in der richtigen Anwendung eine heilsame Wirkung haben können – man denke dabei an Digitalis, Belladonna oder Rizinus. Das klingt spannend, daher sollte man dem abgezäunten Giftgarten auf dem Rückweg unbedingt einen Besuch abstatten. Schließlich wartet auf den Besucher noch der 3 **TASTGARTEN FÜR BLINDE**. In großen Trögen gibt es unterschiedliche Pflanzen für blinde Menschen zu ertasten. Davor wird auf einer Tafel mit Blindenschrift die jeweilige Pflanze vorgestellt.

Doch jetzt geht es zum eigentlichen 4 **ROSENGARTEN**, einer Duft-Oase aus 8500 Rosen mit mehr als 200 verschiedenen Sorten. Die Hauptblütezeit der Königin der Blumen ist im Juni und Juli, aber dann darf man sich auf eine wahre Blüten- und Duftex-

ZUR HAUPTBLÜTEZEIT IM JUNI

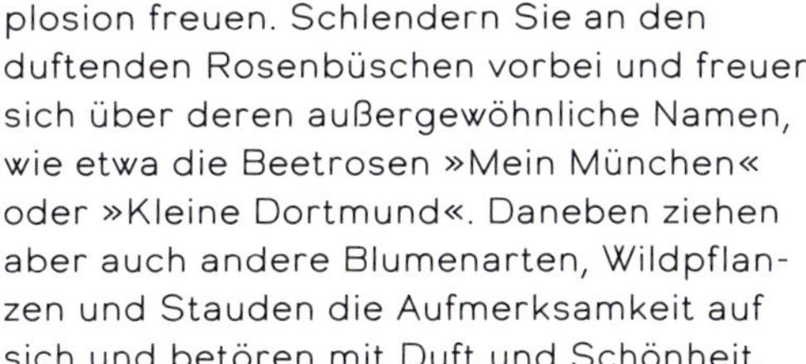

plosion freuen. Schlendern Sie an den duftenden Rosenbüschen vorbei und freuen sich über deren außergewöhnliche Namen, wie etwa die Beetrosen »Mein München« oder »Kleine Dortmund«. Daneben ziehen aber auch andere Blumenarten, Wildpflanzen und Stauden die Aufmerksamkeit auf sich und betören mit Duft und Schönheit.

VON DEN ROSENBEETEN ZUM GIFTGARTEN

Über so vielen Rosen kann man schnell die Zeit vergessen. Noch ein kurzer Abstecher in den **GIFTGARTEN**. Danach durch die Buchenbögen über das »Freibadbächl«-Brückerl zum Ausgang. Und dann tritt man hinaus wie aus einer anderen Welt kommend, taucht in den Großstadttrubel ein und freut sich schon jetzt auf den nächsten Besuch in diesem Naherholungsparadies.

NATURWISSEN

KLEINE GESCHICHTE DER ROSE

Es gibt unzählige Arten von Rosen: Kletterrosen, Heckenrosen, Teerosen oder Strauchrosen sind nur einige davon. Insgesamt sind rund 250 Züchtungen bekannt. Die Kultivierung der stolzen Rose hat weltweit eine lange Tradition: Die älteste Darstellung einer Rose – schätzungsweise um ca. 1600 v. Chr. – fand man im Palast des Minos von Knossos auf der Insel Kreta. Doch auch in anderen Erdteilen duftete es schon früh nach Rosen: Der chinesische Philosoph Konfuzius z. B. berichtete von Rosen in den königlichen Gärten von Peking. Die Römer nutzten die Rose auch zur Herstellung von Parfüm und Medizin. Zu besonderen Anlässen verwendeten sie die duftenden Blüten zu Dekorationszwecken. In Deutschland verbreitete sich die Rose u. a. durch Kaiser Karl den Großen. Dieser sorgte um 800 n. Chr. für den Anbau von Obst, Gemüse und Ziersträuchern. Darunter war auch die Rose, die so ihren Weg in die privaten Gärten fand.

»FRÜHLING LÄSST SEIN BLAUES BAND« … IM OSTPARK FLATTERN

RUHEPOL IM GROSSSTADTTREIBEN

OSTPARK

Er ist eine grüne Lunge, aber auch ein Eldorado für Sportler. Auf Naturfreunde warten Wiesenflächen, alter Baumbestand, Spielplätze und herrliche Aussichtspunkte. Und natürlich ein idyllisch am See gelegener Biergarten.

START UND ZIEL
Michaelibad

DISTANZ 2,8–4,1 km oder 5,8 km

DAUER ca. 2 Std. (die Tour kann beliebig erweitert werden)

ANFAHRT U2, U5, U7 U8, Bus 199 Michaelibad, Bus 195 Heinrich-Wieland-Straße

MITNEHMEN eine Decke, ein Stück Blumendraht

START & ZIEL
U Michaelibad
Heinrich-Wieland-Straße
Hofangerstraße
Hachinger Bach
1
Ostpark Grillplatz 2
Kunstgarten 3
Biergarten Michaeligarten 4
Ostparksee
Theatron 5
Aussichtshügel 6

Ein kurzer Rückblick zur Entstehung des Ostparks: Als in den 1960er-Jahren die Planungen zum Bau des Stadtviertels **NEUPERLACH** mit Wohnraum für 80 000 Einwohner liefen, war der Gedanke naheliegend, für die Bürger im Münchner Südosten ein Naherholungsgebiet mit diversen Freizeiteinrichtungen zu schaffen. 1973 wurde mit den Bauarbeiten des ersten Abschnitts begonnen, der letzte mit **SEE, BIERGARTEN UND SPORTAREAL** wurde neun Jahre später fertiggestellt. Der 27. Mai 1982 war die offizielle Geburtsstunde des 56 ha großen Landschaftsparks, der von den Anwohnern sowie Sport- und Naturfreunden von der ersten Minute an dankbar angenommen wurde und auch heute noch heiß geliebt wird. 2022 feierte der Ostpark stolz seinen 40. Geburtstag.

VOM MICHAELIBAD IN DEN PARK

Sobald man die U-Bahn-Station Michaelibad verlassen hat, startet man Richtung Süden, am ① **HACHINGER BACH** entlang, in die weitläufige Freizeitoase. Bevor der Weg nach rechts über den Bach führen würde, links halten und die Ausläufer des Ostparksees ansteuern. An der nächsten Weggabelung noch einmal links halten.

Vorbei am offiziellen ② **GRILLPLATZ**, das Wasser zu Ihrer Rechten, spazieren Sie am Fitness Parcours nach Norden, bis der kleine ③ **KUNSTGARTEN** erreicht ist. Kreative Skulpturen und üppige Blumenbeete laden zum Stehenbleiben und Bewundern ein. Auch im Winter ist der Park ein schöner Ort, nehmen Sie dann eine warme Decke mit und genießen Sie, dick eingemummelt auf einer Bank sitzend, die warme Wintersonne. Insbesondere dieser Teil des Ostparks ist Ruhesuchenden zu empfehlen, wobei es auch anderswo in den weitläufigen Auen Plätze gibt, an denen Sie ganz für sich sein können.

VOM BIERGARTEN ZUR WIESE

Nach einer kleinen Rast geht es weiter, vorbei am ④ **BIERGARTEN MICHAELIGARTEN**, dort spazieren Sie geradeaus und biegen an der Kurve links ab. Linkerhand kommt man an einem Spielplatz vorbei, dort abermals links halten und auf die vor Ihnen liegende weite Wiesenfläche zusteuern. Vielleicht zaubert Ihnen dieser Anblick ein Lächeln ins Gesicht, oder es überkommt Sie das Bedürfnis stehen zu bleiben, innezuhalten und tief durchzuatmen. Ja, hier fühlt man sich angekommen.

Machen Sie ein paar Schritte auf der Wiese, breiten die Arme aus und drehen sich ein-, zweimal im Kreis. Blicken Sie nach oben, vielleicht in eine Baumkrone, vielleicht in den Himmel und werden sich darüber bewusst, welches Geschenk Sie sich heute mit dieser kleinen Auszeit gemacht haben.

OSTPARKSEE: EIN REFUGIUM FÜR WASSERVÖGEL

DIE UMWELT WAHRNEHMEN

Wählen Sie einen geeigneten Platz aus. Das kann unter einem Baum sein, am Rand der Hecken oder auf der Wiese. Legen Sie sich auf den Rücken, und machen Sie es sich bequem. Arme und Beine sind vom Körper weggestreckt. Atmen Sie dreimal tief ein und aus, und konzentrieren Sie sich dann nur noch auf den Ausblick. Blicken Sie nach oben, auf die Blätter in der Baumkrone oder die am Himmel vorbeiziehenden Wolken. Vielleicht geschieht das sehr langsam, vielleicht ziehen sie auch etwas schneller. Oder Sie beobachten die Blätter, wie sie sanft im Wind gewiegt werden. Vielleicht ist da auch der ein oder andere Vogel, der zwischen den Ästen hin und her hüpft – hören Sie sein Gezwitscher? Konzentrieren Sie sich nur auf das, was Sie sehen und hören, wenn Sie den Blick nach oben richten. Nehmen Sie ohne Bewertung die verschiedenen Geräusche um Sie herum wahr. Beobachten Sie, staunen Sie, wundern Sie sich, lassen Sie sich überraschen. Bleiben Sie, solange Sie mögen, und genießen diesen Perspektivwechsel.

Wenn Sie so weit sind und weiterlaufen möchten, setzen Sie sich auf. Atmen Sie dreimal tief ein und aus, und gewöhnen Sie sich wieder an den Ausblick. Stehen Sie auf und setzen den Spaziergang fort.

BLICK VOM AUSSICHTSHÜGEL

VOM FREILUFTSCHACH ZUR AUSSICHTSPLATTFORM

Es geht vorbei am Freiluftschach. Etwas versteckt liegt das 5 **THEATRON**, ein kleines Amphitheater im östlichen Parkteil. Im Sommer wird es für verschiedene Festivals und Veranstaltungen genutzt, u. a. findet hier Ende Juni/Anfang Juli das Sommerfest HoodWood Open Air statt. Oder man kommt hierher und genießt auf den Stufen die Sonnenstrahlen. Es ist auch ein idealer Ort für ein Picknick mit Freunden oder Kolleginnen. Oder wie wäre es mit einem schönen Weitblick? Vom 6 **AUSSICHTSHÜGEL** kann man bei klarer Sicht bis in die Berge sehen. Oder Sie bummeln gemächlich weiter.

Sammeln Sie während Ihres Spaziergangs eine Handvoll schöner Herbstblätter, um daraus einen Tür- oder Glückswächter zu basteln (s. S. 59). Ein solcher Türwächter ist viel mehr als nur eine Gartendeko. Die Inspiration dazu kommt von den Totempfählen (auch Wappenpfahl genannt) der Indianer. Ein Totem ist wie ein Beschützer oder Helfer. Die Indianer haben mit viel Kreativität und Geschick kunstvolle Gedenkpfosten vor ihren Häusern errichtet. So wie auch in Europa alteingesessene Familien ihr Wappen haben, war auch der Totem ein Familienzeichen. Eine schöne, kreative Übung - nicht nur für Winnetou-Fans.

Es geht nach Süden, bis zu einer Abzweigung, wo Sie rechts abbiegen. Vorbei am Basketballfeld und an der folgenden Kreuzung haben Sie die Wahl, weiter Richtung Osten zu laufen, am Hachinger Bach entlang zum Ausgangspunkt, oder Sie schlagen den Weg nach Norden ein und wählen den Pfad, der quer durch die Ausläufer des Sees führt. An der ersten Gabelung nach dem Wasser

ODER MIT FERNROHR?

gehen Sie links und kommen zum Ausgangspunkt Michaelibad. Bevor Sie den Ostpark verlassen, drehen Sie sich noch einmal um, genießen den Blick zurück, schenken Sie sich selbst ein Lächeln und treten mit diesem schönen Gefühl den Weg nach Hause oder in eines Ihrer Lieblingscafés an.

Die Natur gibt ein Zeichen, dass auch die Menschen einen Gang zurückschalten dürfen.

HERBSTLICHER TÜRWÄCHTER

Wenn sich die Blätter verfärben, weiß man: Der Herbst ist da! Es wird kälter, die Tage werden kürzer, die Nächte länger, die Natur zieht sich zurück. Sie gibt damit ein Zeichen, dass auch die Menschen einen Gang zurückschalten dürfen.

Wenn Bäume und Hecken sich ihr buntes Herbstkleid überstreifen, freut sich der Mensch über dieses Farbenmeer. Achten Sie während Ihres Spaziergangs besonders auf die leuchtenden Herbstfarben – Gelb, Orange, Braun oder Rot –, sammeln Blätter in unterschiedlichen Formen und Farben und nehmen diese Pracht der Natur mit. Bestimmt finden Sie am Boden auch einen abgebrochenen, dünnen Ast. Haben Sie eine Handvoll Herbstblätter beisammen, setzen Sie sich damit auf eine Parkbank, durchstechen die Blätter mit dem Ast, und fädeln Sie Blatt für Blatt auf. So entsteht ein bunter Blätterstab, der zu Hause als »Türwächter« eingesetzt werden kann. Alternativ können Sie auch Draht nehmen und diesen zu einem Kranz biegen. Der Blätterkranz lässt sich an die Haustür oder ins Fenster hängen. Besonders schöne Unikate und Lieblingsblätter können zu Hause gepresst und als Lesezeichen verwendet oder verschenkt werden.

BLICK VOM PERLACHER MUGL BIS ZU DEN ALPEN

WENN DER BERG RUFT

PERLACHER MUGL

Wen in der Stadt die Sehnsucht nach den Alpen überkommt, der macht sich am besten auf in den Perlacher Forst und besteigt den Aussichtspunkt Perlacher Mugl. Bei klarem Wetter ist ein Traumblick in die Berge garantiert.

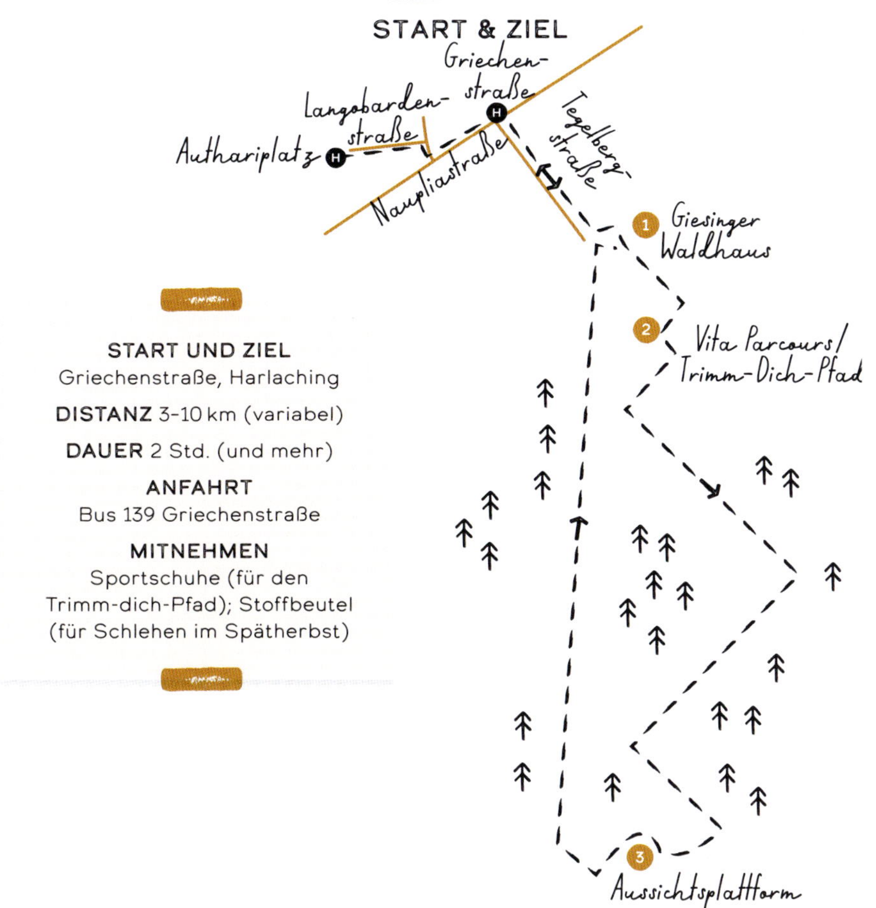

START UND ZIEL
Griechenstraße, Harlaching

DISTANZ 3–10 km (variabel)

DAUER 2 Std. (und mehr)

ANFAHRT
Bus 139 Griechenstraße

MITNEHMEN
Sportschuhe (für den Trimm-dich-Pfad); Stoffbeutel (für Schlehen im Spätherbst)

Der aussichtsreiche Berg – mit seinen 587 m eher ein Hügel – kann von verschiedenen Seiten aus erklommen werden. So wie sprichwörtlich »viele Wege nach Rom führen«, führen auch viele Pfade auf den Perlacher Mugl. Die hier beschriebene Route bringt Sie von nördlicher Richtung, vom Stadtteil Harlaching kommend, zu der Anhöhe 26 m über dem Perlacher Forst.

BALANCE

Diese Übung wird in der Naturpädagogik angewendet, um den Gleichgewichtssinn zu aktivieren und zu stärken. Nutzen Sie einen der querliegenden Baumstämme für diese Balanceübung. Sie kann sowohl mit Schuhen als auch barfuß durchgeführt werden. Wenn Sie allein unterwegs sind, dann balancieren Sie von einem Ende zum anderen. Gelingt Ihnen das mühelos, dann versuchen Sie eine anspruchsvollere Variante, indem Sie die Augen schließen. Sind Sie zu zweit, dann können Sie sich gegenseitig mit einer stabilisierenden Hand unterstützen.

VON DER GRIECHENSTRASSE ZUM TRIMM-DICH-PFAD

Starten Sie an der Bushaltestelle Griechenstraße und biegen von der Naupliastraße in die Tegelbergstraße ein. Dieser folgen Sie 600 m bis zum Säbener Platz. Am Ende kommen Sie an die Ecke, an der die Oberbiberger Straße (links) auf die Straße Am Perlacher Forst (rechts) stößt. Sie nehmen die Oberbiberger Straße. Dieser Knotenpunkt wird auch ❶ **GIESINGER WALDHAUS** genannt. Ein Schilderbaum und ein Holzbrunnen markieren den Platz. Folgen Sie nun dem endlos langen, geraden Forstweg nach Süden. Es besteht die Möglichkeit, eine schnelle Runde auf den »Höcker« zu nehmen, denn als Berg kann man den Mugl wirklich nicht bezeichnen. Wählen Sie dazu die kürzere Route und bleiben auf dieser Geraden. Erst nach ca. 2 km nehmen Sie den Pfad schräg links über die Wiese hoch zum Mugl. Haben Sie mehr Zeit zur Verfügung, dann kommt die längere, abwechslungsreichere Route in Frage, die kreuz und quer in südliche Richtung führt. Dazu biegen Sie etwa 100 m nach dem Brunnen am Giesinger Waldhaus links in einen schmalen Weg ein. Er ist leicht zu erkennen, da er zugleich ein Abschnitt des ❷ **TRIMM-DICH-PFADES** ist. Fühlen Sie sich eingeladen zu der ein oder anderen Übung an den zahlreichen Stationen. Eine gute Gelegenheit, Ihren Fitnesslevel auf den Prüfstand zu stellen.

BALANCIEREN AKTIVIERT DEN GLEICHGEWICHTSSINN

TOUR 12 WENN DER BERG RUFT

SONNIGE LICHTUNG

TIPI AUS ÄSTEN UND ZWEIGEN

VOM TRIMM-DICH-PFAD ZUM FORSTWEG

Weiter geht es geradeaus. Sie überqueren den Weg Geiselgasteig Geräumt in südöstliche Richtung, bis Sie auf »Richt Geräumt« stoßen. Hier gehen Sie rechts westlich bis zur Kreuzung »Winkelweg Geräumt«. Dort spazieren Sie links bis »Perlach Geräumt« und biegen in diesen rechts ab. Am »Mitter Geräumt« geht es noch einmal links, und nach weiteren 200 m rechts. Von hier aus können Sie schon den mit hohen Hecken und Sträuchern bewachsenen Buckel sehen, den Sie gleich »erklimmen« werden. Dazu gibt es wieder mehrere Varianten. Sie kommen zum Ziel gleich mit dem ersten Fußweg oder Sie spazieren noch 200 m weiter und nehmen dann den schmalen Pfad, der sich durch das Unterholz hinaufwindet.

Auf den letzten Schritten zum Aussichtsplateau sehen Sie schon den Pavillon, der bei Regen und Sonne Schutz bietet. Bänke laden zur Rast mit Fernsicht ein, Schautafeln dokumentieren die Entwicklung des Perlacher Forsts und des Ökosystems Wald. Bei klarem Wetter kommen Sie mit einem Wow-Gefühl oben am 3 **PERLACHER MUGL** an, wo sich ein atemberaubendes Alpenpanorama präsentiert. Der Blick schweift vom Wendelstein hinüber zur Zugspitze. Bis ins späte Frühjahr hinein sind die Gipfel schneebedeckt, man kann sich kaum sattsehen an diesem Bilderbuchblick.

Wenn Sie sich wieder loseisen können von dieser einmaligen Szenerie, dann nehmen Sie den Pfad westwärts wieder hinab. Unten am breiten Forstweg angekommen, halten Sie sich rechts und laufen in nördliche Richtung auf den »Mitter Geräumt« zu.

Ab dem Spätsommer können Sie Ausschau halten nach den dunklen Wildfrüchten in den Hecken, die den Weg säumen: Schwarzdorn oder Schlehen (Prunus Spinosa). »Prunus« - die Kirsche, »spinosa« - dornig, stachelig. Die Pflanze, die zur Familie der Rosengewächse zählt, gedeiht in Hecken am Wegesrand. Das ökologisch wertvolle Steinobstgewächs erfreut im Frühling mit weißen Blüten, die zart nach Mandeln duften, und im Herbst lockt es mit seinen tiefblauen bis schwarzen Beeren nicht nur viele Vögel an.

Wenn Sie im Spätherbst unterwegs sind, dann machen Sie es auf Ihrem Weg rund um den Perlacher Mugl Ötzi, dem »Mann aus dem Eis« (s. Kasten), gleich und pflücken eine Handvoll Schlehen. Wichtig: Schlehen brauchen den ersten Herbstfrost! Erst durch die Kälteeinwirkung werden die Kugelfrüchte weich und die bitter schmeckenden Gerbstoffe abgebaut. Alternativ kann man sie auch zu Hause vor der Verarbeitung ein paar Tage einfrieren, das hat die gleiche Wirkung.

NATURWISSEN

SCHLEHE/ SCHWARZDORN

Die Beeren sind eine schmackhafte Zutat für Marmeladen, Fruchtsäfte, Liköre und andere Köstlichkeiten. Roh werden sie häufig als zu herb empfunden. Seit jeher dienen Blüten und Früchte der Schlehe nicht nur in der Küche, sondern auch in der Volksheilkunde Mensch und Tier gleichermaßen. Auch in der Tasche von Ötzi, der berühmten Gletscher-Mumie, wurden Schlehenfrüchte gefunden, die er offensichtlich als Proviant dabeihatte.

VOM MITTER GERÄUMT ZUM GIESINGER WALDHAUS

An der T-Kreuzung »Mitter Geräumt« geht es ein paar Schritte nach rechts, ehe ein schmaler Pfad in den Wald hineinführt. Ein Trampelpfad windet sich unter Bäumen hindurch, über Wurzeln und grün bemoosten Boden. Sie kommen an einer duftenden Wildblumen-Lichtung vorbei, wo es nur so summt und brummt. Der Pfad führt hinaus auf den breiten Forstweg »Winkelweg Geräumt«, den Sie überqueren und gegenüber weiter durch die Natur spazieren. An der nächsten Weggabelung geht es links und am »Perlach Geräumt« wieder rechts. Von hier in nordöstliche Richtung bis »Tannenzipfel Geräumt«. Dort ein letztes Mal nach links, und danach bleiben Sie ungefähr 1,5 km auf diesem Weg, bis Sie wieder beim Knotenpunkt Giesinger Waldhaus angelangt sind. Über die Tegelbergstraße geht es zurück zum Ausgangspunkt.

DAS ISARHOCHUFER, EIN BELIEBTER »HIGHWAY«

EINFACH MAL GRÜN MACHEN STATT BLAU

ISARAUEN, THALKIRCHEN

Still fließt das grün schimmernde Wasser des Isarkanals vorbei an sattgrünen Buchenwäldern. Dazwischen lädt das grüne Hochufer ein zur Erkundung der üppig grünen Auen im Süden Münchens. So viel GRÜN!

START UND ZIEL
Hinterbrühl

DISTANZ 10 km

DAUER 4 Std.

ANFAHRT
Bus 135 Hinterbrühl

MITNEHMEN
Picknickdecke, Proviant für unterwegs oder Brotzeit für den Biergartenbesuch

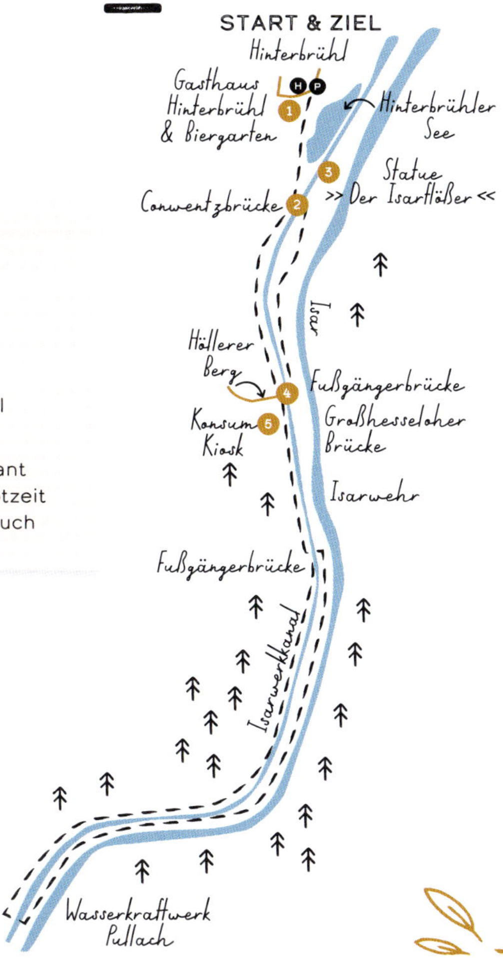

START & ZIEL
Hinterbrühl
Gasthaus Hinterbrühl & Biergarten 1
Hinterbrühler See
Statue >> Der Isarflößer << 3
Conwentzbrücke 2
Isar
Höllerer Berg
Fußgängerbrücke 4
Konsum Kiosk 5
Großhesseloher Brücke
Isarwehr
Fußgängerbrücke
Isarwerkkanal
Wasserkraftwerk Pullach

Spätestens nach dieser Auszeit werden Sie bestätigen, dass Grün zufrieden und glücklich macht. Übrigens: Der Ausspruch »Alles im grünen Bereich« bezeichnet nicht nur ein grünes Lämpchen in der Technologie, sondern sagt auch etwas über unseren physischen und psychischen Gesundheitszustand aus. Der Mensch assoziiert mit der Farbe Grün Natur und Erholung. Längst sind auch die nervenberuhigende und blutdruckregulierende Wirkung von Grün wissenschaftlich bestätigt. So belegen Studien, dass GRÜN auch schmerzlindernde Resultate erzielt, das Immunsystem stärkt und einen regenerierenden Einfluss auf Muskeln sowie Gewebezellen hat. Das menschliche Auge verwandelt mit Grün Anspannung in Entspannung. Demzufolge verwundert es nicht, dass in der Farbpsychologie Grün bei Nervosität, Trauer und Schlafproblemen eingesetzt wird. Hier in den Isarauen haben Sie die beste Möglichkeit, Ihren inneren Schalter auf Grün zu stellen.

VON HINTERBRÜHL ZUM ISARWERKKANAL

Schon wenn Sie an der Haltestelle Hinterbrühl aussteigen, sind Sie umgeben von hohen Bäumen mit Blick auf die üppigen Auen des Ländkanals der Isar. Nehmen Sie die Zentralländstraße in südlicher Richtung zum 1 GASTHAUS HINTERBRÜHL. Auf die Einkehr im einladenden Biergarten dürfen Sie sich am Ende unseres Ausflugs freuen. Spazieren Sie auf der alten

SÜSSES NICHTSTUN AN DER ISAR

STEINMANDL BAUEN

Bestimmt sind Ihnen an Kies- oder Steinufern schon einmal Steinmännchen aufgefallen? Kleine oder größere Kunstwerke, bei denen Steine mehr oder weniger dekorativ aufeinandergestapelt werden. Ursprünglich dienten diese Steintürmchen oder manchmal auch kleine Hügel als Wegmarkierung. Diese Orientierungshilfe hat eine lange Tradition und ist in weiten Teilen der Erde verbreitet. Lassen Sie sich inspirieren und versuchen Sie, ein solches Steinmandl zu errichten.

BRONZESKULPTUR »DER ISARFLÖSSER«

asphaltierten Conwentzstraße am Kanal entlang bis zur steinernen 2 **CONWENTZ-BRÜCKE**. Diese überqueren, von dort blicken Sie links auf die Bronzeskulptur 3 **»DER ISARFLÖSSER«** hinab. Das monumentale Denkmal des Bildhauers Fritz Koelle ist eine Reminiszenz an die Isarflößerei. Jahrhundertelang transportierten die Flößer Güter aller Art, aber auch Menschen und Tiere von Mittenwald bis München, von da weiter in die Bischofsstadt Freising und nicht selten sogar donauabwärts bis Wien und Budapest. Heute halten touristische Floßfahrten die Erinnerung an diese Ära wach, die mit dem Ausbau der Eisenbahn an Bedeutung verlor.

Spazieren Sie weiter über die kleine Brücke und zweigen nach wenigen Metern rechts in den Pfad ab, der direkt am Ufer des **ISARWERKKANALS** entlanggeht. Nach 900 m, die sich auf dem schmalen Wurzelweg am Wasser entlangschlängeln, führt dieser etwas vom Kanal weg und verläuft noch einige wenige Meter am Hochuferweg in südliche Richtung. Bevor die **BRÜCKE** erreicht ist, die Sie ans andere Ufer bringt, bietet sich ein Abstecher an das Isarufer links unter Ihnen für einen kreativen Halt an, z. B. um ein Steinmandl zu bauen (s. S. 68).

AM HOCHUFERWEG ENTLANG

Wenn Sie mit ihrem Werk zufrieden sind, dann spazieren Sie weiter. Zurück am Hochuferweg nehmen Sie die kleine Fußgängerbrücke, um ans Westufer des Isarwerkkanal zu gelangen. Danach geht es gleich links, dem Wasserweg flussaufwärts entlang. Sie spazieren am Konsum Kiosk und später auch am **ISARWEHR** Großhesselohe vorbei, immer dem Süden entgegen. Rund 350 m nach dem Wehr geht es ein paar Stufen links zur 4 **FUSSGÄNGERBRÜCKE**, die über den

»Ich habe dir heute ein paar Blumen nicht gepflückt, um dir ihr Leben zu schenken.«
Christian Morgenstern

NATURWISSEN

ECHTER SEIDELBAST

Im Vorfrühling fällt Ihnen sicherlich eine stark duftende und rosa bis purpurrot blühende Pflanze am Wegesrand auf: der Seidelbast, wunderschön und hochgiftig. Riechen Sie an ihm und bewundern die kleinen Blüten, die sich an den lanzenähnlichen Stängel schmiegen. Erfreuen Sie sich an dem Anblick der streng geschützten Pflanze und geben anderen Spaziergängern die Möglichkeit, sich ebenso an ihrem Duft und ihrer Schönheit zu laben. Vielleicht kommt Ihnen dabei ein Satz von Christian Morgenstern in den Sinn, der im 21. Jh. mehr denn je Gültigkeit hat: »Ich habe dir heute ein paar Blumen nicht gepflückt, um dir ihr Leben zu schenken.«

Kanal führt. Dort gehen Sie rechts weiter, zwischen dem Kanal rechts und der Isar links von Ihnen.

VON PULLACH ZUM HINTERBRÜHLER SEE

Im Frühling erwartet Sie hier ein Wildblumenparadies, ganzjährig genießen Sie auf dem Hochuferweg mehr Sonne als unten am Kanalweg. Vor Ihnen erstrecken sich die Häuser von **PULLACH**, einst ein Bauerndorf, das sich dank Industrialisierung zu einem Edelvorort von München gemausert hat. Mit dieser Aussicht bummeln Sie den kerzengeraden Weg entlang, bis Sie nach 2,4 km das **WASSERKRAFTWERK** in Pullach erreichen. Dort angekommen, führt der Weg rechts vor dem Gebäude über den Isarwerkkanal wieder ans Westufer; von dort treten Sie rechts den Rückweg an.

Wählen Sie entweder den bequemen breiten Fußweg neben dem Kanal oder den schmalen Waldpfad, der links daneben am Hang auf und ab zurück zum **5 KONSUM KIOSK** schräg unterhalb der **GROSSHESSELOHER BRÜCKE** führt. Spätestens dort

ISARAUEN, THALKIRCHEN

BLICK ZUM SEEHAUS HINTERBRÜHL

treffen beide Wege wieder zusammen. Auch zwischendurch können Sie die Verbindungspfade nutzen und den Rückweg variieren. Sie können auch einen Schlenker über den **HÖLLERER BERG** links hoch zur imposanten Eisenbahnbrücke machen, unter deren Gleisen ein Weg für Radler und Fußgänger verläuft, oder sich dieses Highlight für einen anderen Tag aufheben.

Immer wieder laden Bänke oder Baumstümpfe in Ufernähe zur Rast ein. Nutzen Sie die Gelegenheit, sich dem Fließen des Wassers hinzugeben, zuzuschauen, wie die Wellen dahinschwappen. Lassen Sie dabei Ihren Gedanken freien Lauf.

Wenn der Knotenpunkt erreicht ist, wo Waldpfad und Fußweg aufeinandertreffen, spazieren Sie weiter in nördliche Richtung. An der kleinen Brücke vorbei geradeaus und auf dem Kanalfußweg bleiben, der nun auf der anderen Seite entlangführt als auf dem Hinweg. Nach etwa 800 m stößt der Weg wieder auf die Conwentzstraße, der Sie rechts folgen, an der Floßrutsche vorbei, bis zum **BIERGARTEN** des Gasthofs Hinterbrühl. Wer noch Lust und genügend Kraft in den Beinen hat, kann hinterher den idyllisch gelegenen **HINTERBRÜHLER SEE** umrunden und auf einer Bank am Ufer dem heutigen Ausflug nachspüren.

BLÜHENDER SEIDELBAST

SUMPFZYPRESSEN IM MOLLSEE

VORALPENTAL INMITTEN DER STADT

RUND UM DEN MOLLSEE IM WESTPARK

Der Westpark entstand zur Internationalen Gartenbauausstellung (IGA) 1983. Auf einer ebenen Brachfläche schuf der Landschaftsarchitekt Peter Kluska eine typisch bayerische Voralpenlandschaft - mit Tälern und Hügeln, zwei Seen und toller Fernsicht.

START UND ZIEL
Café Gans am Wasser, Westpark Ostteil

DISTANZ 2 km

DAUER ca. 1-2 Std.

ANFAHRT
U4/U5, S7 Heimeranplatz, U6 Partnachplatz, Bus 62, 130, 152 Baumgartnerstraße, Bus 53, 153, 134 Ganghoferbrücke

MITNEHMEN
Papiertüte oder Stoffbeutel

Besonders stimmungsvoll ist es hier, wenn die Abendsonne ihre letzten Strahlen aufs Wasser wirft und den kleinen See in flüssiges Gold taucht.

Der Ausflug startet am Café Gans am Wasser Richtung Osten. Lassen Sie die Steinbrücke über den See rechts liegen und spazieren weiter am Ufer entlang. Schon nach wenigen Metern steuern Sie auf **STEINSTUFEN** zu, die einen Halbkreis bilden, an ein ❶ **AMPHITHEATER** erinnern und mit Blick auf den See angelegt sind. An heißen Tagen spenden große Kastanienbäume kühlen Schatten. Nur ein kleines Stück weiter breitet sich vor Ihnen der ❷ **MODELLBOOTHAFEN** aus, der vor allem an Sonntagen von Hobbykapitänen aller Altersklassen besucht wird. Von dort aus sind es nur noch ein paar Schritte zum ❸ **ROSARIUM**, der ersten Anlaufstelle auf der Tour. Dicht bewachsene Bögen geleiten ins Innere, abgeschirmt vom Treiben rund um den See. Lassen Sie sich auf einer der Bänke nieder und machen eine Visualisierungsübung, die die kreative Wahrnehmung und alle Sinne anspricht. Diese Reise zum inneren Wohlfühlort (s. S. 75) trägt - regelmäßig ausgeführt - zur täglichen Selbstfürsorge bei und hilft zu entspannen.

VOM ROSARIUM ZUM MOLLSEE

Erfüllt von dieser kleinen Reise verlassen Sie diese Oase der Ruhe und schlendern zurück ans Wasser, wo ein Kopfsteinpflasterweg einen Bogen um den See macht. Folgen Sie diesem Pfad in südlicher Richtung, schon bald laufen Sie auf großen **NATURSTEINEN** über den See, bevor es ein paar Stufen nach oben geht. Dort erreichen Sie zunächst einen breiten **FUSS- UND RADWEG** und halten sich rechts, um den See herum. Auch hier lassen Sie die Steinbrücke wieder rechts liegen. Spazieren Sie Richtung Westen, immer auf dem breiten Kiesweg bleibend, der am **UFER DES MOLLSEES** entlangführt. Vorbei an hohen Gräsern und blühenden Stauden können Sie einen Blick auf das bunte Treiben im Café Gans am Wasser am Ufer vis-à-vis werfen. Schon bald führt ein schmaler Fußweg wieder näher ans Ufer, das von üppigen Goldruten, Schilf und heimischen Gehölzen gesäumt wird. Dort werden Ihnen ganz besondere Bäume auffallen: ❹ **SUMPFZYPRESSEN**, die mit ihren borkigen Füßen im Wasser stehen und herrlich anzusehen sind. Besonders schön ist ihr Anblick im Herbst, wenn sie sich in der Abendsonne im Wasser spiegeln. Die Sumpfzypresse, die bis zu 35 m hoch werden kann, ist kein heimisches Gewächs, sie stammt ursprünglich aus Nordamerika und kommt dort in den Sümpfen des Mississippi-Deltas und den feuchten Niederungen der

RUND UM DEN MOLLSEE IM WESTPARK

SCHÖNE LAGE, SCHÖNES WORTSPIEL: CAFÉ »GANS AM WASSER«

REISE ZUM INNEREN WOHLFÜHLORT

Die entspannte Atmosphäre des Rosariums ist ideal, um zur Ruhe zu kommen und Energie zu schöpfen. Nehmen Sie eine bequeme Sitzposition ein, bringen Ihre Fußsohlen auf die Erde, schließen die Augen und atmen ein paarmal tief ein und wieder aus. Stellen Sie sich einen schönen Ort vor. Das kann ein Sandstrand sein, Ihr persönlicher Kraftort, eine Waldlichtung oder ... das Rosarium. Versetzen Sie sich in diesen Ort mit allen Facetten, nehmen das Licht wahr, die Temperatur, den Geruch. Spüren Sie die Gischt vom Wasser oder die warmen Sonnenstrahlen im Gesicht? Hören Sie das Wellenrauschen oder das Summen der Insekten, das Zwitschern der Vögel, das Kinderlachen in der Ferne? Welche Farben und Gerüche nehmen Sie wahr, gibt es Gegenstände, Pflanzen, Blumen oder Tiere um Sie herum? Welche sind das? Lassen Sie alle Details und Wahrnehmungen zu. Vergessen Sie nicht, dabei ruhig weiter zu atmen. Tauchen Sie ein in Ihren inneren Wohlfühlort. Verweilen Sie dort, so lange Sie möchten. Wenn Sie soweit sind, und nur dann, nehmen Sie noch einmal einige tiefe Atemzüge. Öffnen Sie die Augen und kommen wieder im Hier und Jetzt an.

»BRANTA CANADENSIS« IM LANDEANFLUG

Everglades in Florida vor. In Europa kennt man sie erst seit 1640, wo man sie bevorzugt an Ufern von stehenden Gewässern ansiedelte. Dass sie sich dort sehr wohlfühlt, kann man im Westpark sehen. Auch Blässhühner, Teichrallen, Haubentaucher und Enten aller Couleur wissen den fremdländischen Mitbewohner zu schätzen, schließlich bietet sich sein weit verzweigtes Wurzelgeflecht im Wasser für den geschützten Nestbau an.

UM DAS FEUCHTBIOTOP ZUR »GANS AM WASSER«

Bleiben Sie auf dem Pfad, der sich durch die hohen Gräser windet, an seinem Ende erwartet Sie eine herrliche Sitzgelegenheit am See. Lassen Sie sich dort erneut nieder und nehmen all die Schönheit der Natur ringsherum in sich auf.

Am Ende des Mollsees würde der Weg geradeaus über eine freie Wiese und danach über eine Brücke in den Westteil des Parks mit seinem zauberhaften Ostasien-Ensemble sowie der Seebühne mit Amphitheater führen. Diesen faszinierenden Teil des Westparks sollten Sie unbedingt an einem anderen Tag erkunden.

Bleiben Sie jetzt auf dem Weg, umrunden die **WASSERLANDSCHAFT**, flanieren an diesem wie an ein Niedermoor anmutenden Feuchtbiotop weiter. Die Ausläufer des Mollsees mit seiner hohen Artenvielfalt sind vermutlich einzigartig im Münchner Stadtgebiet. Hier haben Sie nochmal Gelegenheit, auf einem der Steine oder der Bänke am See Platz zu nehmen. Alternativ steuern Sie das einladende **CAFÉ GANS AM WASSER** an. Eine Alternative, die Ihnen bestimmt gefallen wird, weil dieses »Bauwagen«-Café so anders ist als alles, was man sonst unter der Bezeichnung Café kennt. Zugegeben, alles ein wenig verrückt, aber sehr verspielt und liebenswert. Wenn Sie nicht gerade an einem Samstag- oder Sonntagnachmittag herkommen, werden Sie bestimmt einen Tisch am Wasser ergattern. Besonders stimmungsvoll ist dieses Fleckchen, wenn die Nachmittagssonne ihre Strahlen aufs Wasser wirft und den kleinen See in flüssiges Gold taucht. Dann können Sie bei einer Tasse Kaffee und einem Stück Kuchen (hausgemacht!), einer Limonade (alles bio!) oder einer Portion dieser unvergleichlichen Bio-Fritten Ihren Gedanken nachhängen. Und wie auf einer Bühne dabei zusehen, wie eine Wildente dem riesigen Plastikfrosch am Uferrand schöne Augen macht, oder ein Geschwader Kanadagänse eine punktgenaue Landung auf dem Wasser hinlegt. Applaus, Applaus!

WEITERE INFOS:

Das Café »Gans am Wasser« bietet zu jeder Jahreszeit ein vielfältiges Programm: Livemusik (Singer Songwriter, Piano- und Gitarrenkonzerte), Kasperltheater für die Kleinen, Storytelling für die Großen und im Dezember jede Menge Winterzauber.
→ www.gansamwasser.de

BLÜHENDE STRÄUCHER SÄUMEN DIE WEGE

HANDSCHMEICHLER AUS DER NATUR

Halten Sie auf Ihrem Spaziergang Ausschau nach einem kleinen Gegenstand aus der Natur. Das kann ein Stein sein, der Ihnen am Wegrand auffällt, eine Kastanie, die im Herbst frisch vom Baum gefallen, aufgeplatzt ist und nun braun und glänzend vor Ihnen liegt, eine Eichel, eine Nussschale, eine Samenhülse oder einfach ein Stück Holz.

Heben Sie das Naturobjekt auf und nehmen Sie sich die Zeit, es mit geschlossenen Augen in der Hand zu ertasten und kennenzulernen. Wie fühlt es sich an? Können Sie Kanten spüren, glatte Stellen an der Oberfläche oder vielleicht eine Spitze? Ist es fest oder eher weich? Wie empfinden Sie die Temperatur des Objekts? Wie liegt es in der Hand? Freunden Sie sich an mit der Haptik und stecken Sie dann den Gegenstand als Talisman in Ihre Tasche. Betrachten Sie ihn als Handschmeichler und als Erinnerung an eine kleine Auszeit im Alltag.

Immer wenn Sie dieses Fundstück der Natur in Ihrer Jacken- oder Manteltasche spüren, halten Sie einen Moment inne und lassen es durch Ihre Finger gleiten. Wechseln Sie dabei immer mal die Taschenseiten und lassen Sie sich beim nächsten Griff in die Tasche überraschen.

IM WALDFRIEDHOF HABEN NICHT NUR ENGEL FLÜGEL

DIE SCHÖNHEIT DER VERGÄNGLICHKEIT

WALDFRIEDHOF MÜNCHEN

Der Spaziergang durch den Waldfriedhof gleicht einer Reise: durch Zeiten, durch Kulturen und Ereignisse. Nicht zuletzt wandelt man auf den Spuren so vieler Menschen, die vor einem gegangen sind: berühmte und unbekannte.

START Waldfriedhof Haupteingang, Fürstenrieder Straße

ZIEL Ausgang Lorettoplatz, neuer Teil

DISTANZ 4–5 km

DAUER 2–3 Std. (variabel)

ANFAHRT Bus 51, 151 Waldfriedhof Haupteingang

RÜCKFAHRT Bus 54 Lorettoplatz

MITNEHMEN Papier und Bleistift

START
Haupteingang
Waldfriedhof
Fürstenrieder Straße
1 Grabmal Michael Ende
ZIEL
Lorettoplatz
Aussegnungshalle
2
Friedhofsee
4
Italienischer Militärfriedhof
3

TOUR 15

DER IDYLLISCHE FRIEDHOFSEE

Ein Friedhof ist zweifellos ein Kraftort, und ein Besuch geht immer mit einer kleinen Veränderung einher. Der Blick auf Gräber (pompöse, kunstvoll-kreative, schlichte oder hoffnungslos verwitterte) und ihre Inschriften schärft die Sicht aufs eigene Sein, verleiht Kraft, aber auch Demut.

Auf dem Waldfriedhof begegnet man vielen bekannten Namen aus Politik, Wissenschaft und Kunst. Der Nobelpreisträger Werner Heisenberg ist hier ebenso zur letzten Ruhe gebettet wie der Opernsänger Fritz Wunderlich, die Schriftsteller Lena Christ und Frank Wedekind, der Malerfürst Franz von Stuck, die Fotografin Leni Riefenstahl, Angehörige der Zirkusdynastie Krone oder Prof. Kurt Huber, Mitglied der Widerstandsgruppe »Weiße Rose«.

VOM HAUPTEINGANG ZUM FRIEDHOFSEE

Wenn Sie von der Bushaltestelle ein Stück stadteinwärts gehen, gelangen Sie zum **PORTAL** des Haupteingangs. Dort geradeaus und die erste Abzweigung links nach Süden nehmen. Nach ca. 450 m rechts einbiegen und nach etwa 150 m wieder nach links. Und schon stehen Sie am Grab (212-W-3) des 1995 gestorbenen Schriftstellers **1 MICHAEL ENDE**, bekannt geworden mit Romanen wie »Jim Knopf und der Lokomotivführer«, »Momo« oder »Die unendliche Geschichte«. Ein aufgeschlagenes Buch und einige seiner Romanfiguren zieren das Grab, darunter die weise Schildkröte Kassiopeia aus »Momo«.

Gehen Sie das kurze Stück bis zur Abzweigung zurück, von der Sie hergekommen sind, und nehmen den breiten Weg nach Westen, der Sie vom alten in den neuen Teil des Friedhofs bringt. Es geht 350 m geradeaus, danach links, und diesem Weg folgen Sie ca. 1,4 km. Bleiben Sie unterwegs immer wieder mal stehen und werfen einen Blick auf die Grabmäler. Manchmal ist es ein besonders schön geschmiedetes Kreuz, das die Aufmerksamkeit auf sich zieht, ein anderes Mal eine Engelsstatue mit entrücktem Blick, eine filigrane Rose, ein Herz, ein Foto ... oder eine Inschrift, die anrührt.

Nach diesem doch recht langen Marsch rechts abbiegen; nach etwa 100 m stoßen Sie links auf den Kiesweg im neuen Teil, der vom Lorettoplatz zur Aussegnungshalle führt. Ein wenig Geschichtskunde nebenbei: Der alte, vom Architekten Hans Grässel geplante Friedhofsteil mit 35 000 Gräbern wurde 1907 eröffnet, der neue Teil 1966. Sie erreichen die

AM GRAB VON MICHAEL ENDE

schlichte 2 **AUSSEGNUNGSHALLE** und spazieren geradeaus weiter zum 3 **ITALIENISCHEN MILITÄRFRIEDHOF**. Auf ihm sind Kriegsgefangene des Ersten und Zweiten Weltkriegs bestattet, darunter Zwangsarbeiter und Häftlinge des Konzentrationslagers Dachau. Ein Meer von fast 1500 gleichförmigen Grabblöcken bedeckt die Wiese – ein Anblick, der nachdenklich stimmt. Von hier sind es nur wenige Meter zum idyllischen 4 **FRIEDHOFSEE**, einem Ort, der einen wieder Hoffnung tanken lässt. Ein guter Platz für eine Übung zum Thema Loslassen (s. Kasten), im Sommer von duftenden Wildblumenwiesen umgeben. Suchen Sie sich eine Bank mit Blick auf den See, auf der Sie ungestört sind.

Drehen Sie nach dieser wohltuenden Übung eine Runde um den Friedhofsee. Und kommen dann zurück auf den breiten **KIESWEG**, der in nördlicher Richtung wieder an der Aussegnungshalle vorbeiführt und Sie geradeaus weiter zum Ausgang Lorettoplatz und zur Bushaltestelle bringt.

IN FRIEDEN LOSLASSEN

Vielleicht haben Sie unverhofft einen lieben Menschen verloren und keine Zeit gefunden, sich von ihm zu verabschieden. Gern hätten Sie ihn öfter gesehen und mehr Zeit mit ihm verbracht. Doch immer kam etwas dazwischen, was Ihnen wichtiger erschien und größere Priorität hatte.

Nehmen Sie sich jetzt die Zeit, innezuhalten und sich alles von der Seele zu schreiben, was Sie gerne noch gesagt hätten: Greifen Sie zu Stift und Papier und schreiben Sie Ihre unausgesprochenen Worte nieder. Egal, um welches Thema es sich handelt, schreiben Sie es auf. Wenn Sie merken, dass der Schreibfluss abebbt, dann erinnern Sie sich an die besonderen Momente, die sie mit diesem Menschen gemeinsam erlebt haben. Wenn Sie fertig sind, vergraben Sie den Brief oder verbrennen ihn zu Hause. Dies ist auch im Nachhinein ein befreiendes Erlebnis, besonders wenn das Herz mitschwingt.

Fazit: Genieße täglich deine Lieben, denn die gemeinsame Zeit ist endlich.

SCHLOSS NYMPHENBURG UND SEIN ANMUTIGER PARK

AUF DEN SPUREN DER WITTELSBACHER

NYMPHENBURGER SCHLOSSPARK

Schloss Nymphenburg ist ein Glanzlicht im Reigen der Sehenswürdigkeiten Münchens. Doch wer kennt die weiten Wiesen, Wälder und Eichenalleen im Schlosspark? Eine Zeitreise durch eine zauberhafte Parklandschaft.

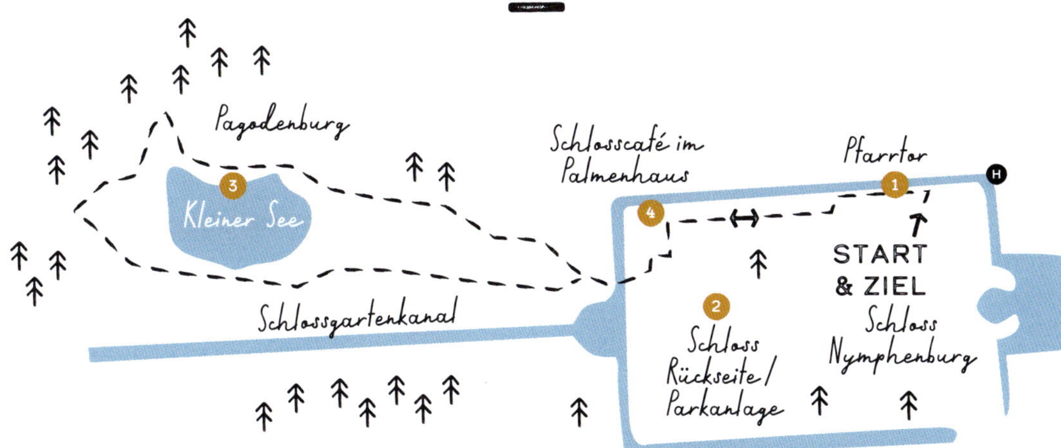

START UND ZIEL
Nymphenburger Schloss

DISTANZ 2 km

DAUER ca. 1–2 Std.

ANFAHRT Tram 12, 17, Bus 51, 151 Schloss Nymphenburg

GUT ZU WISSEN
Parkburgen nur April–Mitte Okt. geöffnet (9–18 Uhr)

DIE NYMPHENBURGER GEWÄCHSHÄUSER

Es war einmal … ein bayerisches Kurfürstenpaar, das sich so sehr einen Stammhalter und Thronerben ersehnte. Als es endlich so weit war und Henriette Adelaide ihrem Gatten Ferdinand Maria nach zehnjähriger Ehe einen Sohn schenkte, war das Glück perfekt. Der stolze Vater machte seiner Gattin zur Geburt ein sehr »praktisches« Geschenk: ein nicht gerade kleines Grundstück für ein Sommerschlösschen. Der Spross wurde auf den Namen **MAX EMANUEL** getauft und sollte später einmal als »Blauer Kurfürst« in die Geschichte eingehen. Dieser Geburt am 11. Juli 1662 verdankt Schloss Nymphenburg seine Existenz. Bauplatz war die **SCHWAIGE KEMNAT**, ein freies Feld westlich von München, damals gut zwei Fahrstunden vom »Arbeitsplatz« des Kurfürsten, der Residenz, entfernt (heute in 20 Min. erreichbar). Hier ließ sich die aus Turin stammende Kurfürstin nach Plänen des italienischen Baumeisters Agostino Barelli eine **SOMMERRESIDENZ** mit einem kleinen Garten errichten. Von der heutigen Form und Größe des Schlosses war zu der Zeit noch nichts zu sehen. Es gab den Mittelbau (das Lußthaus), eine Hofkirche und einige Wirtschaftsgebäude. Seine heutige Prägung erhielt das Schloss erst in der Regierungszeit Max Emanuels. Dieser ließ es ab 1701 vergrößern, den Garten umgestalten und einen **KANAL** anlegen, gespeist vom Wasser der nahen Würm. Drei Jahre später ruhten die Bauarbeiten erst einmal, da Max Emanuel wegen seiner Niederlage im Spanischen Erbfolgekrieg 1704 Bayern verlassen musste. Erst ab dem Jahr 1715 konnte es weitergehen, ab da

VERSTECKTE BRÜCKLEIN

erfolgte der maßgebliche Ausbau von Schloss und Park zu dem architektonischen Schmuckstück und Gesamtkunstwerk, das München heute zur Ehre gereicht.

VOM NYMPHENBURGER KANAL ZUM PALMENHAUS

Von der Bushaltestelle aus geht es zunächst gerade auf das Schloss zu. Halten Sie sich danach rechts und gehen kurz vor dem **MUSEUM MENSCH UND NATUR** links neben dem Kanal durch ein kleineres Metalltor, das ❶ **PFARRTOR**, hindurch. Entlang des Wegs fällt der Blick zur Rechten auf die **GEWÄCHSHÄUSER** und über Obstplantagen. Nehmen Sie das erste Tor links hinein, spazieren an Ahorn- und Zypressenbäumen vorbei und schlendern rechts den Kiesweg

FEDER

Am Ufer findet sich bestimmt die ein oder andere Feder von einem der Wasservögel, die hier ihr Refugium haben. Nehmen Sie eins dieser Federchen und lassen Sie sich auf eine belebende Übung ein. Werfen Sie die Feder in die Luft und versuchen durch Pusten, die Feder möglichst lange in der Luft zu halten. Probieren Sie das immer wieder und freuen sich, wenn es Ihnen gelingt, die Feder – schon nahe am Boden – doch noch einmal weiter nach oben zu blasen.

Diese Erfahrung lässt sich auch in der Gruppe machen. Dazu stellt man sich in der Gruppe zusammen und versucht, durch Pusten eine Feder, die über uns in die Luft geworfen wird, möglichst lange in der Luft zu halten. Diese Übung kann alternativ auch mit einem Blatt gemacht werden. Dabei tritt keiner gegen den Anderen an, es soll kein Wettkampf sein, sondern ein Spiel miteinander.

Durch das Pusten und Bewegen kommt es zu einer Belebung, bei der man sich frisch und erholt fühlt.

entlang, wo Sie schon die großen Pflanztröge am Geranienhaus sehen können. Hier bietet sich bereits die erste Gelegenheit, auf einer der weißen Holzbänke Platz zu nehmen und die symmetrisch angelegten Blumenrabatten zu bestaunen. An üppig blühenden Agapanthus-Trögen (Schmucklilien) vorbei erreicht man das Café im Palmenhaus: Die genüssliche Kaffeepause muss aber noch warten bis nach dem Spaziergang. Gegenüber dem Eingang zum Café passieren Sie den Heckenbogen und kommen auf der **2 RÜCKSEITE DES NYMPHENBURGER SCHLOSSES** heraus. Dort haben Sie einen unverstellten Blick auf den Park, auf seine Skulpturen, die ausladenden Springbrunnen und den schnurgeraden Schlosskanal.

VOM PALMENHAUS ZUR PAGODENBURG UND ZURÜCK

Die Brücke zur Rechten führt über den Kanal, von dort geht es geradeaus zur Pagodenburg. Nach wenigen Metern kommt eine Gabelung, hier folgen Sie zunächst noch einmal dem rechten Weg, und nach ein paar Schritten zweigen Sie nach links in das **WÄLDCHEN** ab. Schon bald lassen Sie den Wald, der Sie weiter zur Rechten begleitet, hinter sich und spazieren (links) an einer **WIESE** entlang. Mit etwas Glück lassen sich in der Nähe Rehe beobachten. Sie lesen richtig: Der Schlosspark ist eine wahre Naturidylle, die Wildtieren wie Rehen, Hasen oder Füchsen ein Zuhause bietet. Auffällig sind die vielen majestätischen Eichen, die den Weg säumen und deren markantes Blätterwerk beim Spiel im Wind entweder mächtig rauscht oder geheimnisvoll raschelt.

Am **3 KLEINEN SEE**, auch Pagodenburger See genannt, steht unter Weiden eine Reihe von Bänken. Legen Sie dort eine Zeit der Muße ein, um der Natur zu huldigen. Der **SEE** wurde einst künstlich angelegt und bildet heute ein wertvolles Biotop inmitten der Stadt. Über **BRÜCKLEIN** mit kunstvoll geschmiedetem Geländer können Sie um den Pagodenburger See spazieren. Wenn es Ihre Zeit erlaubt, statten Sie auch der von Joseph Effner gestalteten **PAGODENBURG** einen Besuch ab. Ein Blickfang ist die extravagante Möblierung, die Chinoiserie und andere exotische Elemente.

PAGODENBURG VOR HERBSTLICHER KULISSE

Der Schlosspark ist eine wahre Naturidylle, die Wildtieren wie Rehen, Hasen oder Füchsen ein Zuhause bietet.

Dabei passiert man immer wieder **WALDSTÜCKE**, die an heißen Sommertagen erholsamen Schatten bieten. Geht man die Runde weiter, gelangt man wieder in die Nähe des Schlosses, wo der Ausflug durch die königliche Landschaft im 4 **SCHLOSSCAFÉ IM PALMENHAUS** stilvoll beendet werden kann. Zurück zur Haltestelle folgt man dem gleichen Weg wie ab Start.

NATURWISSEN

EICHE ALS NAHRUNGSMITTEL

In früheren Zeiten wurden die stärke-, eiweiß- und fetthaltigen Früchte der Eiche (Eicheln) als Ersatz für Mehl und Kaffee verwendet. Eicheln enthalten viele Bitterstoffe, im unbehandelten Zustand sind sie für Menschen ungenießbar. Die Entbitterung geschieht durch ausgiebiges Wässern, damit wäscht man sozusagen die Bitterstoffe aus. Danach wurden die Früchte getrocknet und zu Mehl verarbeitet, was so manche Hungersnot gelindert hat. Eicheln dienten in Notzeiten auch als Kaffeeersatz. Dazu wurden die gewässerten und getrockneten Früchte geröstet, gemahlen und mit heißem Wasser aufgebrüht. Der »Muckefuck« war geboren. Das Wort stammt von dem französischen Begriff »Mocca faux« für falschen Kaffee.

Und dann heißt es im Volksmund: »Unter den Eichen wachsen die besten Schinken.« Früher ließ man nämlich Schweine bevorzugt in Eichenwäldern weiden, wo sie sich an den Eicheln gütlich taten und dadurch würzigen Speck ansetzten.

BOTANISCHER GARTEN MIT BLICK AUF DIE GEWÄCHSHÄUSER

MAL SCHAUEN, WER IM GLASHAUS SITZT

BOTANISCHER GARTEN, GEWÄCHSHÄUSER

Ein Regentag kann zum Highlight werden, wenn man ihn in den Gewächshäusern im Botanischen Garten verbringt. Zwölf Glashäuser nehmen den Besucher auf eine Reise durch Wüsten und Wälder, Steppen und Sümpfe.

START UND ZIEL
Haupteingang Botanischer Garten, Menzinger Str. 63

DAUER ca. 1–2 Std.

ANFAHRT
Tram 17, Bus 143, 180 Botanischer Garten

MITNEHMEN
Beutel zum Verstauen von Mantel oder Anorak. (Es gibt keine Garderobe, und in den Hallen ist es sehr warm.)

Im Botanischen Garten München werden auf einer Fläche von 21,2 ha rund 19 600 Pflanzenarten und Unterarten kultiviert. Es gibt drei **GEWÄCHSHÄUSER**, die gläsernen Hallen A bis C, denen wiederum kleinere Spezialabteilungen angegliedert sind. Die für Besucher zugänglichen Teile umfassen ein 4500 m² großes Areal. Der Botanische Garten mit seiner Außenstation, dem Alpengarten am Schachen (1860 m), ist eingebunden in nationale und internationale Forschungsprojekte und dient zudem dem Erhalt seltener europäischer Pflanzen- und Insektenarten.

VOM KAKTEENHAUS ZUM ORCHIDEENHAUS

Sobald Sie die Kasse hinter sich gelassen haben, steuern Sie den ❶ **GLASHAUSKOMPLEX** zu Ihrer Linken an. Und schon beginnt Ihre kleine Weltreise, die Sie zunächst in das **GROSSE KAKTEENHAUS** (Halle A) und damit in eine fremde Welt mit anderen Klima- und Pflanzenzonen führt. Hier begegnen Sie Pflanzen, die ein trockenes Klima bevorzugen, darunter Kakteen, Sukkulenten und Agaven.

Je nach Lust und Laune haben Sie die Möglichkeit, durch die Schauhäuser zu bummeln, die Pflanzenwelt zu erkunden oder Sie suchen sich hie und da einen Sitzplatz und lassen die Atmosphäre auf sich wirken. Manchmal ist sie wüstenartig wie im Kakteenhaus, ein anderes Mal fühlt man sich in einen Dschungel versetzt wie im Orchideenhaus oder im Bromelien- und Araceenhaus (im Seitengebäude des Palmenhauses). Es gibt keine festgelegte Tour, keine Struktur, an die Sie sich halten müssen. Sie dürfen innerhalb der 4500 m² in den unterschiedlichen Gewächshäusern nach Herzenslust wandeln und durchatmen. Lassen Sie die Seele in den verschiedenen Klimazonen mit ihren vielfältigen Vegetationen baumeln und entfliehen eine Zeit lang der Welt draußen.

Besuchen Sie die Schildkröten im **ORCHIDEENHAUS**, die an manchen Tagen so träge sind und kaum Reaktion zeigen. Bewundern Sie dafür die üppig blühenden Schönheiten im feuchtwarmen Klima. Wussten Sie, dass Orchideen mit 30 000 Arten die vielfältigste Pflanzengattung der Welt sind?

VOM PALMENHAUS ZUM VICTORIAHAUS

Spazieren Sie durch das **PALMENHAUS**, in dem ein typisches Urwaldbild mit hochwachsenden Tropenpflanzen begeistert, die unter einer 21 m hohen Kuppel ihre ganze Schönheit entfalten. Vom Palmenhaus zweigt ein Seitengebäude ab, das sich den tropischen Sumpf- und Wasserpflanzen widmet. In Aquarien tummeln sich exotische Fische. Ein alljährliches Highlight in den Wintermonaten, das Sie sich nicht entgehen lassen sollten, ist die Sonderausstellung »Tropische Schmetterlinge« (Dez.-März).

Beim Betreten des **VICTORIAHAUSES**, ein Paradies für Schling- und Kletterpflan-

WASSERBASSIN MIT RIESENSEEROSEN

zen, werden Ihnen sofort die von oben herabhängenden Kannenpflanzen (Nepenthes) ins Auge fallen, die zur fleischfressenden Spezies gehören. Ein Hingucker ist das überdimensionale Wasserbecken in der Mitte, in dem die kreisrunden Blätter der Riesenseerosen schwimmen. Mit einem Durchmesser von nahezu 2 m dominieren sie den Teich.

Und so flanieren Sie von einem Themenhaus zum anderen und setzen Ihre Erholungsreise unter dem Glasdach fort.

→ botmuc.snsb.de

BAUCHATMUNG

Die Bauchatmung ist eine einfache, effektive Entspannungsübung, die überall praktiziert werden kann. Die meisten Menschen atmen besonders dann flach, wenn sie unter Druck stehen oder etwas sie beschäftigt. Dann fließt der Atem meist flach und nervös in den Brustkorb. Wenn man den Atem dagegen in den Bauch strömen lässt, lösen sich die Anspannungen oft von einem Atemzug zum anderen. Setzen Sie sich bequem und aufrecht auf eine Bank oder einen Stuhl. Legen Sie eine Hand auf Ihren Bauch und spüren, wie beim Einatmen die Luft tief nach unten fließt. Nehmen Sie bewusst wahr, wie Ihr Atem tief bis in den Unterbauch hineinströmt, dabei hebt sich Ihre Bauchdecke leicht. Nehmen Sie sich beim Ausatmen genauso viel Zeit wie beim Einatmen. Und nehmen Sie bewusst wahr, wie sich Ihre Bauchdecke wieder senkt. Wiederholen Sie die tiefen Atemzüge ein paarmal. Sie werden merken, wie sich allmählich die Entspannung einstellt. Die Übung lässt sich auch gut machen, wenn Sie z. B. im Stau stehen oder Wartezeit überbrücken müssen.

STEINSEE, EIN BADESEE WIE AUS DEM BILDERBUCH

EINTAUCHEN UND ABTAUCHEN

STEINSEE

Umgeben von Wald und Wiesen lädt der Steinsee zum Besuch ein: im Sommer zum Baden, im Herbst zu einem Streifzug durch den bunten Blätterwald und in der kalten Jahreszeit zu Winterzauber am zugefrorenen See.

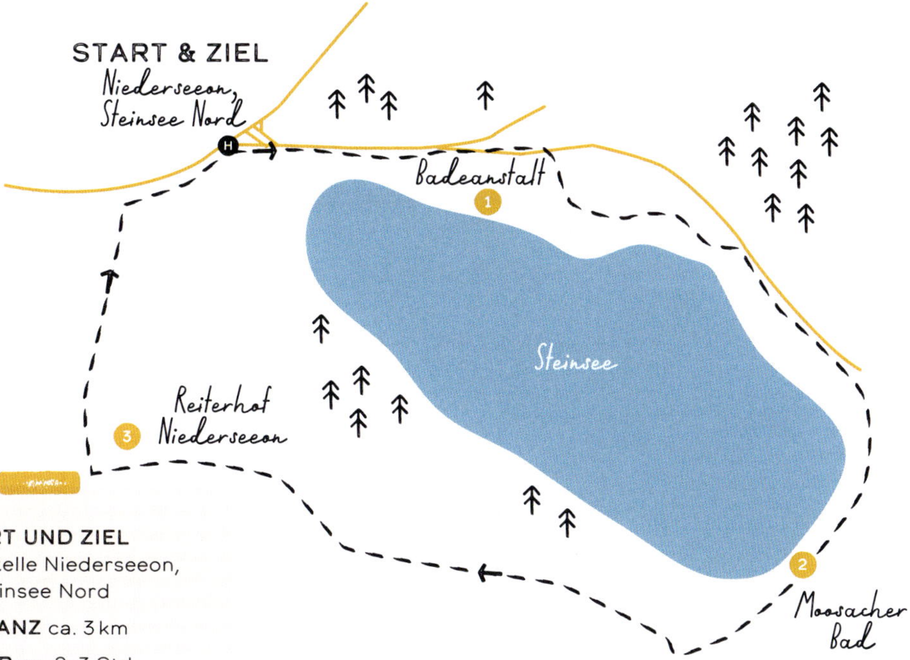

START & ZIEL
Niederseeon,
Steinsee Nord
H
Badeanstalt
1
Steinsee
Reiterhof
Niederseeon
3
2
Moosacher
Bad

START UND ZIEL
Bushaltestelle Niederseeon, Steinsee Nord

DISTANZ ca. 3 km

DAUER ca. 2–3 Std.

ANFAHRT Bus 440 Niederseeon, Steinsee Nord

MITNEHMEN Im Sommer Badesachen

Die Flachwasserzonen sind ein Refugium für die vielen Wasservögel, die zum Brüten herkommen und überdies einen reich gedeckten Tisch vorfinden.

Er ist 21 ha groß, 11 m tief und liegt ca. 23 km östlich von München: Die Rede ist vom Steinsee, dem zweitgrößten See im Landkreis Ebersberg. Bei dem beliebten Badesee handelt es sich um einen Moränensee - ein Relikt der letzten Eiszeit, der sich aus Quellwasser speist und für seine Wasserqualität und für seine angenehme Temperatur gerühmt wird (an heißen Sommertagen bis zu 26 Grad!).

Der Steinsee gilt aber auch als sogenanntes Stillgewässer, das sich ausgleichend auf das Klima auswirkt und ein wertvoller Lebensraum für die hiesige Tier- und Pflanzenwelt ist. Besondere ökologische Bedeutung kommt den **UFERZONEN** mit den vorgelagerten Schilfgürteln und Moorresten zu. Flachwasserzonen dienen Fischen, Fröschen und Kröten als Laichgebiete. Und natürlich sind diese auch ein Refugium für die vielen Wasservögel, die zum Brüten herkommen und überdies einen reich gedeckten Tisch vorfinden. Bitte daher die Verbote in den geschützten Bereichen unbedingt beherzigen.

VON DER BUSHALTESTELLE ZUM STEG AM SEE

Startpunkt ist die Haltestelle Steinsee, von dort spazieren Sie an der Gastronomie und an der ❶ **BADEANSTALT** vorbei. Bereits nach wenigen Metern sind Sie weit entfernt vom üblichen Trubel eines Badesees. Nehmen Sie schon bald den rechten Pfad in den Wald hinein, und dann sind Sie mittendrin in der Ruhe ... und einer unerwarteten Idylle. Der Weg geradeaus trifft später wieder auf den Pfad. Im wurzeligen Auf und Ab spazieren Sie am Seeufer entlang und nehmen die Frische und die Naturoase bewusst wahr. Dort, wo der Pfad auf den Forstweg stößt, halten Sie sich rechts und folgen dem Weg, der mal breiter und dann wieder schmäler wird. Am südöstlichen Ufer befindet sich das ❷ **MOOSACHER BAD**, eine frei zugängliche Badestelle, die an warmen Tagen zu einem Sprung ins kühle Nass einlädt. Zu allen anderen Jahreszeiten, wenn es sehr viel ruhiger zugeht am Steinsee, setzen Sie sich auf den Steg, der in den See hinausführt. Hier lässt es sich gut eine Weile aushalten und abschalten.

DER STEG AM SEE: IDEAL ZUM RELAXEN

AM SEE

Nehmen Sie eine bequeme Sitzposition ein und kommen Sie an. Ihr Blick wandert über den See ans andere Ufer. Es gibt keine Termine, nichts ist jetzt wichtig. Lassen Sie sich ein, hier zu sein, an diesem Ort am See. Schließen Sie nun die Augen. Atmen Sie zunächst ein paarmal tief ein und aus und finden dann zu einer ruhigen Atmung. Lassen Sie sich auf die kleinen Wellen ein, die plätschernd ans Ufer schwappen. Nehmen Sie diese sanften Wellen in sich auf. Vielleicht gleichen Sie Ihren Atem daran an, oder Sie atmen synchron. Tauchen Sie ein in den Rhythmus, werden Sie ein Teil davon. Nehmen Sie diese Ruhe in sich auf und bleiben Sie bei sich, egal, was um Sie herum passiert. Spüren Sie die Tiefe, die sich entwickelt. Lassen Sie sich hineingleiten in diese Tiefe. Vielleicht kommen Ihnen Gedanken in den Sinn, halten Sie diese nicht fest. Lassen Sie Gedanken wie Wellen wieder forttragen. Beobachten Sie Ihren Atem und nehmen das Bild dieser Seetiefe in sich auf. Genießen Sie dieses Gefühl. Wenn Ihnen danach ist, nehmen Sie ein paar kräftige Atemzüge, räkeln und strecken sich. Beenden Sie langsam die Übung und kommen wieder zurück in Ihr Bewusstsein. Öffnen Sie die Augen und lassen den Blick wieder über den See streifen.

Nehmen Sie von der gewonnenen Ruhe so viel, wie Sie möchten, mit in den weiteren Tag.

SAUERKLEE, EIN FRÜHLINGSBOTE

NATURWISSEN

WALD-DUDLER

Ein extravagantes, zuckerfreies Erfrischungsgetränk aus dem Wald

ZUTATEN:
- Zwei Handvoll Sauerkleeblätter
- Ein Esslöffel Fichtenspitzen (können auch eingefrorene Maiwipferl vom Frühjahr sein)
- Ein Schuss Apfelsaft
- Eine halbe Bio-Salatgurke
- Nach Geschmack: einen Spritzer Agaven- oder Ahornsirup

Die Sauerkleeblätter, Fichtenspitzen und die klein geschnittene Gurke mit Apfelsaft pürieren. Wenn die Masse zu dickflüssig ist, einen Spritzer kaltes Wasser hinzufügen. Die Flüssigkeit durch ein feines Sieb oder ein Mulltuch streichen. Gläser – insbesondere an heißen Tagen – mit Eiswürfel vorbereiten. Flüssigkeit einfüllen, mit Wasser aufgießen und genießen.

ERFRISCHEND: WALD-DUDLER

UM DEN SEE BIS NIEDERSEEON

Machen Sie sich nun langsam auf den Weg um den Steinsee, der zunächst leicht bergan Richtung Westen führt. Halten Sie sich an einer unscheinbaren Weggabelung rechts und schlendern vergnügt den Pfad über die weite Wiese hinunter zum 3 REITERHOF NIEDERSEEON (Di-So 12-23 Uhr). Dort lässt sich eine genüssliche Brotzeit im **BIERGARTEN** einlegen, oder man läuft weiter. An der Asphaltstraße rechts abbiegen und bis zur Hauptstraße gehen. Jetzt noch einmal rechts, und dann kommt schon die Haltestelle in Sicht, wo der Bus die Wanderer zurück in die Stadt bringt.

Eine Wanderung um den Steinsee lohnt sich zu jeder Jahreszeit. Wer allerdings baden will und Ruhe sucht, kommt am besten in den frühen Morgenstunden, bevor Besucherscharen den See erstürmen.

NATURWISSEN

SAUERKLEE

Bereits im zeitigen Frühling spitzt der Sauerklee aus dem Boden der Laubmisch- und Nadelwälder hervor. Zu erkennen ist er an seinen dreizahnigen, kleeblattähnlichen Blättern. Auch wenn man es dem Namen nach vermuten könnte, ist der Sauerklee nicht mit den typischen Kleearten wie Rotklee oder Weißklee verwandt. Seine zitronenartigen, säuerlich schmeckenden Blätter, nach denen er auch benannt ist, können wir als kleinen Snack auf unseren Spaziergängen naschen, oder wir pflücken eine Handvoll der frischen herzförmigen Blätter und machen uns daraus zu Hause einen erfrischenden Wald-Dudler-Trunk. Da Sauerklee Oxalsäure enthält, sollte er nur in kleinen Mengen und auch nicht jeden Tag verzehrt werden. Es versteht sich von selbst, dass Pflanzen, Blüten und Pflanzenteile nur dann gesammelt werden sollten, wenn Sie von Ihnen sicher erkannt und bestimmt werden können.

TOUR 19
Fußweg
nach Glonn
AUF STILLEN WEGEN NACH GLONN

IM AUF UND AB ÜBER WALD, FELD UND FLUR

KUPFERBACHTAL BEI GLONN

Das Kupferbachtal bei Glonn begeistert mit mäandernden Bächlein, die sich durch eine anmutige Hügellandschaft schlängeln, verwunschenen Waldpfaden und einsamen Lichtungen mit Panoramablick.

START UND ZIEL Wirtshaus an der Wiesmühle, Glonn Bahnhofsplatz

DISTANZ 11 km

DAUER 3 Std.

ANFAHRT S6 Zorneding, Bus 453 Glonn Bahnhofsplatz

MITNEHMEN Im Sommer Badesachen

Münchener Straße
Bahnhofsplatz
Grottenweg, Glonn
5
Kastenseestraße
Klosterweg
Balkham
START & ZIEL
Wirtshaus an der Wiesmühle
Bankerl mit Panoramablick
4
Kupferbach
3
Münster
Killistraße
Augraben
1
Reisenthaler Hof
Loibersdorf
2
Gut Spielberg

DEN WALD VOR BÄUMEN NICHT SEHEN ...

Wenn Sie Glonn noch nicht kennen, werden Sie angenehm überrascht sein. Der Marktflecken südöstlich von München ist ein staatlich anerkannter Erholungsort. Ein Kulturverein kümmert sich um ein anspruchsvolles Veranstaltungsprogramm und ist Herausgeber einer Wanderkarte.

Wenn Ihnen die 11 km dieser Tour zu lange vorkommen, dann können Sie diese variantenreiche Tour nach Lust und Laune abkürzen. Nach Ankunft am Glonner Bahnhof nehmen Sie die Kastenseestraße nach Süden. An der Rotterstraße – der Hauptstraße durch den Ort – biegen Sie links ab. Schon nach 200 m zweigt rechts der Klosterweg ab. Diesem folgen Sie rund 600 m und stoßen auf die Reisenthalstraße. Hier können Sie zur Rechten bereits das **WIRTSHAUS AN DER WIESMÜHLE** sehen. Zum urigen Wirtshaus mit Biergarten gehört seit jeher auch ein Naturbad. Belohnen Sie sich an heißen Sommertagen mit einem Sprung ins kühle Nass.

VOM WIRTSHAUS ZUM GUTSWEIHER

Hinter dem Wirtshaus verläuft die Reisenthalstraße, der Sie ab jetzt die nächsten Kilometer folgen. Es geht vorbei am Sägewerk, mit dem Duft von frisch geschnittenem Holz in der Nase. An der Gabelung zur Waldstraße links halten. Lassen Sie den Ort hinter sich und laufen den weiten Wiesenflächen entgegen. Die Straße mit dem alten Asphaltbelag führt in das charmante Kupferbachtal hinein. Es entstand während der letzten Eiszeit und wurde wegen seiner besonderen Tier- und Pflanzenwelt 1983 zum Naturschutzgebiet erklärt. Lassen Sie sich gemütlich treiben und folgen dem Weg, mal geht es hinein in den Wald und dann wieder hinaus, am plätschernden Kupferbach entlang. Der Name deutet auf den früheren Kupferabbau in dieser Gegend hin.

Etwa 2,2 km nach dem Start kommen Sie am 1 **REISENTHALER HOF** vorbei, laufen gerade über die nächste Wegkreuzung weiter den Kupferbach entlang. An der nächsten Gabelung nehmen Sie, links, den Weg über die Holzbrücke, machen dort Halt

STILLE WEGE NAHE LOIBERSDORF

und schauen aufs Wasser. Es ist glasklar, und in der Strömung winden sich die grellgrünen Ausläufer der Bachkresse. Vielleicht möchten Sie Ihre Schuhe ausziehen und ein paar Meter im Bachbett herumwaten.

Mit gut durchbluteten Füßen geht es weiter. Nach ungefähr 600 m gelangen Sie an die nächste Gabelung, hier links halten. Der Weg führt leicht bergan. Von Weitem kann man bereits die Pferde auf der weitläufigen Koppel von 2 GUT SPIELBERG stehen sehen. Gehen Sie am **GUTSWEIHER** vorbei und halten sich danach im spitzen Winkel rechts, auf dem Forstweg bergan. Bald schon ist eine kleine Anhöhe erreicht. Bleiben Sie doch einfach mal stehen und drehen sich um. Bei schönem Wetter haben Sie von hier einen herrlichen Blick bis zum Alpenhauptkamm.

Überhaupt lohnt es sich, auch im Leben einfach mal einen Blick zurückzuwagen. Nehmen Sie diesen Impuls auf Ihrem weiteren Weg auf und gönnen sich den ein oder anderen »Blick zurück«. Was haben Sie in den letzten Wochen und Monaten erlebt? Was waren Ihre persönlichen Highlights der letzten Woche? Ein Rückblick bringt häufig die Motivation für anstehende Projekte oder Pläne und lohnt nicht nur zum Jahreswechsel.

VON LOIBERSDORF ÜBER BALKHAM ZURÜCK NACH GLONN

Auf Ihrem weiteren Weg spazieren Sie durch **LOIBERSDORF**, biegen an der Kreuzung zunächst rechts und nach 100 m gleich wieder links ab, dann über freie Wiesen und Felder dem Wald entgegen. An Pferdekoppeln vorbei geht's leicht bergab in den Augraben hinunter. Dort angelangt, könnten Sie rechts den Weg nehmen, der die Tour abkürzt und über den Reisenthaler Hof zurück zum Ausgangspunkt führt. Ansonsten geht es für Sie links und weiter Richtung **3 MÜNSTER**. Die Straße steigt wieder leicht an und geht in den Ort hinein. Nach dem ersten Hof laufen Sie links und gleich danach rechts in die Killistraße, die Hauptstraße, die einen Rechtsbogen durchs Dorf macht. Verlassen Sie die Ansiedlung und kommen nach etwa 300 m an einen Abzweig. Diesen nehmen, und über die Wiese geht es abermals dem Wald entgegen, bis zu einer herrlichen Lichtung am Waldrand. Links wartet auf Sie ein **4 BANKERL MIT PANORAMABLICK** (s. S. 103), dahinter ein schützender Holzstoß, und wenn Sie hier Ihre Brotzeit auspacken, dann mit herrlichem Blick übers Kupferbachtal.

Ausgeruht von der Pause nehmen Sie den schmalen Pfad in den Wald hinein, bummeln durch dieses verträumte Stückchen Gehölz, halten sich an den kommenden Abzweigungen – die erste rechts, die zweite links – aber geradeaus. Gut 200 m nach der letzten Linksabzweigung, bei der Sie geradeaus gehen, halten Sie sich wieder links auf dem Forstweg und genießen die Stimmen des Waldes: das Rauschen in den Baumwipfeln, das Vogelgezwitscher – vielleicht haben Sie ja Lust, mit den Vögeln zu kommunizieren. Zwitschern Sie doch einfach mit und zaubern dabei ein Lächeln in Ihr Gesicht. Etwa 500 m später gelangen Sie an eine Art Knotenpunkt, wo mehrere Pfade aufeinandertreffen. Entscheiden Sie sich für den Weg geradeaus nach Norden und aus dem Wald heraus. Die nächste Linksabzweigung wieder ignorieren und geradewegs auf den Ort **BALKHAM** zusteuern. Es geht links durch den Weiler und geradeaus auf die Kastenseestraße, die als Hauptstraße durch

Nehmen Sie diesen Impuls auf Ihrem weiteren Weg auf und gönnen sich den ein oder anderen »Blick zurück«.

Glonn führt. Diese überqueren und in nördlicher Richtung bleiben, bis die nächste Siedlung (Steinhausen) erreicht ist. Dort gehen Sie die zweite Straße nach rechts. Am

FICHTE MIT HARZAUSTRITT AM ASTSCHNITT

BITTE PLATZ NEHMEN UND BLICK GENIESSEN

Hochfeld, entlang. Diese macht eine Linkskurve und steuert auf ein privates Anwesen zu. Links verläuft, ein wenig versteckt, der 5 GROTTENWEG um das Grundstück. Auf der Nordseite angekommen, geht es ein paar Stufen nach unten, ehe man auf die Kastenseestraße stößt. Noch einmal links, die Münchner Straße überqueren, und schon ist der Bahnhof in Glonn in Sicht.

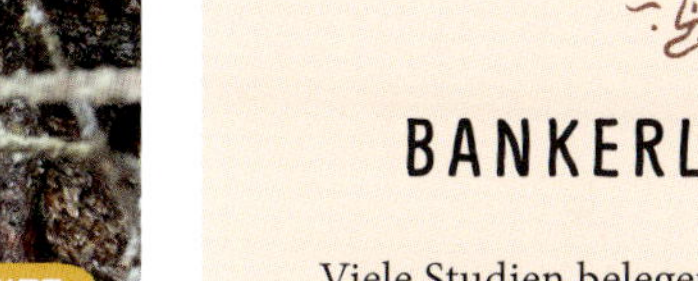

BANKERLMOMENT

Viele Studien belegen die nachhaltige Wirkung einer Pause. Sie reduziert das Verletzungsrisiko und schenkt im Arbeitsalltag Ihrem Geist die nötige Erholung. Die Folge: mehr Konzentration und Ausdauer für den weiteren Tagesverlauf. Auch bei einer Wanderung oder einem längeren Spaziergang ist die Power einer Rast spürbar. Dazu bietet sich eine Bank am Waldrand an, genauso gut kann es ein umgefallener Baumstamm sein oder ein Plätzchen auf einer Lichtung. Nehmen Sie sich genügend Erholungszeit, um den Wasser- und Energiehaushalt Ihres Körpers aufzufüllen, freuen sich über die mitgebrachte Vesper und genießen Sie die Umgebung, den Ausblick und die Ruhe.

FLIEGENPILZ IM FORST: DER PILZ DES JAHRES 2022

STILLE VERSTECKE HINTER FORSTWEGEN

FORSTREVIER PULLACH, OSTTEIL FORSTENRIEDER PARK

Auf den ersten Blick wirkt das Forstrevier Pullach mit seinen akkurat angelegten Wegen ein wenig monoton. Doch dann tun sich unerwartete Nischen auf, und Sie werden Ihr »Grünes Wunder« erleben.

START UND ZIEL
Bushaltestelle Birkenallee

DISTANZ 6 km

DAUER 2-3 Std.

ANFAHRT
Bus 270 Pullach Birkenallee

MITNEHMEN
Stoffbeutel

Erster Forstabzweig links
Link Geräumt links
Jagd-Ansitz Frauenzimmer Stern
Augusten Geräumt
Lichtung
Charlotten Geräumt
START & ZIEL
Birkenallee
Waldstraße
Wolfratshauser Straße

TOUR 20

LICHTE MOMENTE IM WALD

Eine kreative Auszeit ist Ihnen in diesem Waldstück jedenfalls sicher. Nehmen Sie zu diesem Spaziergang einen kleinen Stoffbeutel mit, denn es gibt einiges zu sammeln. Beim Gang durch das Forstrevier »Pullacher Forst« werden Sie auf ungewohnte Namen stoßen wie Preysing Geräumt. Als »Geräumt« bezeichnete man früher Waldwege, die im Winter von der Forstwirtschaft von Schnee freigehalten wurden.

VON DER BIRKENALLEE ZUM AUGUSTEN GERÄUMT

Von der Bushaltestelle Birkenallee geht es westwärts über Wolfratshauser Straße und Waldstraße zur Fußgängerbrücke, die über die B11 führt. Sogleich sind Sie mittendrin im östlichen Teil des Forstenrieder Parks, der eher ein Wildpark als ein Park im herkömmlichen Sinn ist. An der ersten Möglichkeit einer Forstweg-Kreuzung spazieren Sie nach rechts. Der Forstenrieder Park zeichnet sich auch in Pullach durch ein symmetrisches Wegenetz mit vielen parallel und rechtwinklig angelegten Forstwegen aus. Das wirkt zwar wie vom Reißbrett, erleichtert aber oftmals die Orientierung. Doch gibt es nicht nur kilometerlange, schnurgerade verlaufende Forstwege, kleine Pfade durchs Dickicht bringen Abwechslung in den Ausflug im Stadtwald.

Wenn Sie geradeaus laufen, werden Sie merken, dass immer wieder kleine Abzweigungen in den Wald führen. Bleiben Sie zunächst am Hauptweg und nehmen an der nächsten T-Kreuzung den Weg nach links, Richtung Neuried, ① LINK GERÄUMT.

Nach einigen Metern gehen Sie durch das Gatter, und noch ein paar Schritte weiter nehmen Sie wieder den ② ERSTEN FORSTABZWEIG NACH LINKS. Ein endlos lang scheinender, gerader Weg hilft Ihnen, zur Ruhe zu kommen. Sie spazieren durch den Fichtenwald, der in der Stufenbetrachtung wieder zum Mischwald werden darf. Nach etwa 500 m kommen Sie an einem alten Jagd-Ansitz mit dem hübschen Namen ③ FRAUENZIMMER STERN vorbei. Sie halten sich weiter geradeaus, bis Sie auf den Weg Zylinhardt Geräumt stoßen. Hier biegen Sie erst links und schon bald rechts in den Augusten Geräumt ab. Im Frühjahr

kann man hier den Kuckuck rufen hören. Kindern bringt man bei Streifzügen durch den Wald bei, mitzuzählen, wie oft der Kuckuck ruft. Wenn der Kuckuck 13-mal hintereinander ruft, dann soll das Glück bringen. Sollten Sie im Frühjahr hier sein, dann achten Sie darauf, ob Sie einen Kuckuck hören und versuchen Sie Ihr Glück bei diesem Spaziergang durch den Wald.

Gehen Sie noch ca. 460 m geradeaus, und dann aufgepasst! Denn hier kommen Sie gleich an eine 4 **LICHTUNG** mitten im Wald. Im Sommer kann es sein, dass sie wegen der belaubten Bäume etwas versteckt ist. Aber Sie werden diesen Platz gewiss finden. Links geht es wie durch ein Tor von Bäumen und Sträuchern hindurch. Dort erwartet Sie eine weite Wiesenfläche, an sonnigen Tagen werden Sie von Licht und Wärme empfangen. Morgens glitzern die Tautropfen noch an den Grashalmen. Hier gönnen Sie sich eine kleine Auszeit und suchen sich am Waldrand einen passenden Platz zum Niederlassen. Die Lichtung ist auch ein guter Platz, um nach Naturmaterialien für eine kreative Pause Ausschau zu halten. Sammeln Sie unterwegs unterschiedliche Naturmaterialien der Saison: Blätter, Gräser, kleine Äste, Steine, Baumzapfen, die am Boden liegen, oder im Herbst Kastanien oder Eicheln. Bestimmt finden Sie auch die ein oder andere Feder oder ein leeres Schneckenhaus.

NATURWISSEN

FICHTEN- ODER TANNENZAPFEN?

Wussten Sie, dass die länglichen Nadelbaumzapfen in unseren Breitengraden nur Fichtenzapfen sein können? Tannenzapfen liegen nämlich nicht am Boden. Diese reifen an den Zweigen am Baum, zerfallen und geben ihre Samen damit frei. Fichtenzapfen findet man das ganze Jahr, zuerst sind sie rötlich, dann grün und später, wenn sie verholzt sind, braun. Außerdem hängen Fichtenzapfen an den Zweigen am Baum, Tannenzapfen sind kürzer und stehen aufrecht nach oben.

VOM HAUPTWEG ZUM PREYSING GERÄUMT

Gehen Sie zurück zum Hauptweg und laufen links weiter durch den Wald. An der Kreuzung, an der rechts eine große Wiese liegt, folgen Sie dem linken Weg mit dem Namen Preysing Geräumt. Immer wieder sehen Sie links und rechts der Strecke den ein oder anderen Fichtenhain im moosbedeckten

Boden. Ein ideales Gelände für eine kreative Pause. Haben Sie schon einmal ein Mandala gelegt (s. S. 109)? Damit bezeichnet man ein kreisförmiges geometrisches Gebilde mit einem Zentrum. Der Mittelpunkt des Mandalas wird »Bindu« genannt und symbolisiert die Mitte des Universums. Mandalas sind in allen Kulturen zu finden, beispielsweise kreisförmige Felsritzungen, die als Sonnenräder aus der Steinzeit gedeutet werden, oder opulente Fensterbilder in Kirchen und Moscheen. In der freien Natur lassen sich viele Naturmandalas entdecken: beispielsweise Spinnennetze, Wasserkreise, Baumringe, Muscheln oder Schneckenhäuser. Halten Sie Ausschau danach. Sie werden überrascht sein, wie viele dieser symmetrischen Kunstwerke die Natur bereithält. Allen sind zwei Dinge gemeinsam: Sie sind rund und haben einen Kernpunkt.

IM DICKICHT DES FORSTENRIEDER PARKS

Das Legen oder Malen von solchen Formen wird zur Förderung von Kreativität und Feinmotorik eingesetzt, und gleichzeitig hilft diese Übung, sich auf Stille einzulassen. Nicht umsonst gilt Mandala legen als eine Meditationsform. Und tatsächlich führt sie zu einer unaufgeregten Art der Konzentration und dient gleichzeitig der Entspannung.

HIER KREUZEN SICH MEHRERE FORSTWEGE

MANDALA »HERBSTFANTASIE«

VOM PREYSING GERÄUMT ZUR BIRKENALLEE

Es geht weiter auf dem Preysing Geräumt, durch ein weiteres Gatter hindurch und danach links zum 5 CHARLOTTEN GERÄUMT. Folgen sie ihm, bis sich der Weg teilt. An dieser Stelle können Sie beide Forstwege nehmen, entscheiden sich aber für den linken. Dieser führt zunächst geradeaus und macht dann zweimal einen Bogen nach rechts. Nach der zweiten Rechtskurve geht es gleich wieder links, und so kommen Sie nach etwa 200 m auf die Gerade, an der Sie losgegangen sind. Der Pfad bringt Sie auf dem gleichen Weg zurück zur Fußgängerbrücke und zur Bushaltestelle.

MANDALA LEGEN

Breiten Sie Ihre gesammelten Schätze aus. Beginnen Sie mit dem Mittelpunkt und legen die Fundstücke kreisförmig nach außen. Lassen Sie sich Zeit dabei, ergänzen immer wieder mit Materialien, die Sie spontan entdecken. Es gibt keine vorgegebene Größe und keine Norm. Sie können Ihr Mandala ausschließlich mit Zapfen legen oder ein buntes Gebilde schaffen. Ganz, wie Sie sich heute fühlen. Betrachten Sie immer wieder ihr Mandala aus unterschiedlichen Perspektiven. Wenn es für Sie vollendet ist, schenken Sie ihm nochmal einen Blick. Vielleicht auch ein Lächeln. Mandalas aus Naturmaterialien werden auch »LandArt« genannt. Sehen Sie es als solches und belassen Sie es so. Bestimmt wird es von dem ein oder anderen Wanderer nach Ihnen entdeckt und Sie machen ihm oder ihr damit eine Freude.

TOUR 21
BUCHENWALD AM ISARHOCHUFER

VITAMIN-BOOSTER IM BUCHENWALD

ISARHOCHUFER PULLACH

Das lauschige Isarhochufer beglückt Spaziergänger und Wanderer mit einem stattlichem Buchenwald. Seine zarten Grüntöne im Frühling sind eine Augenweide, seine Sprossen und Früchte: ein gesunder Snack.

START UND ZIEL
S-Bahn Pullach

DISTANZ 3,5 km

DAUER 1–1,5 Std.

ANFAHRT
S7, S20 Pullach

MITNEHMEN
Sitzunterlage

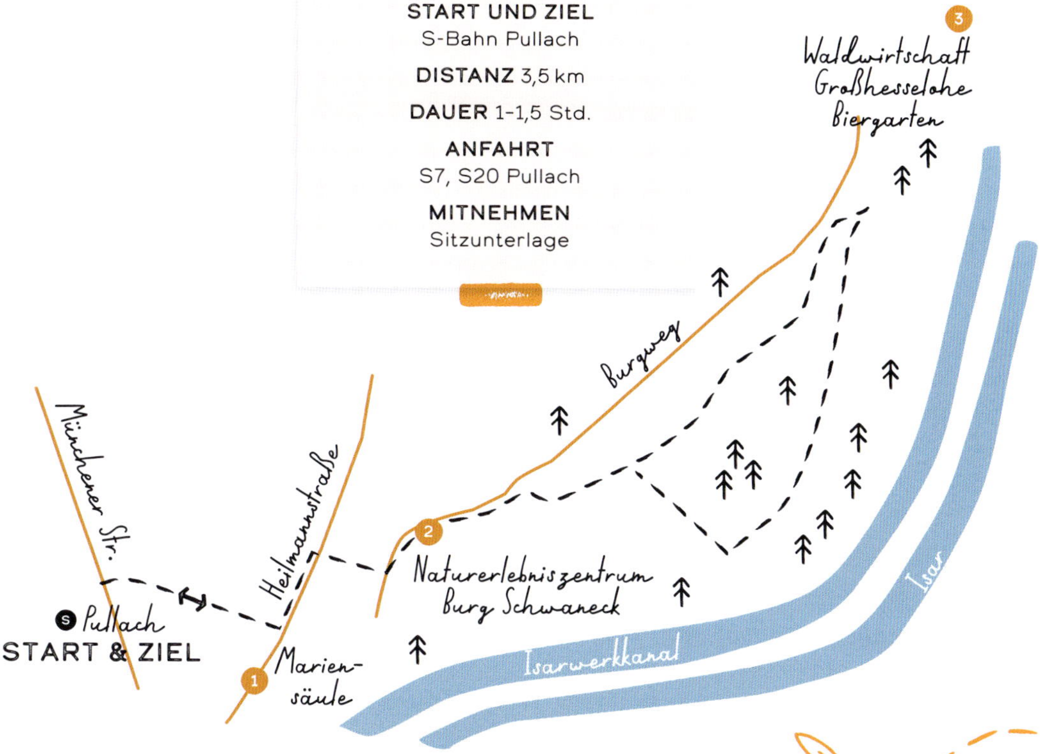

3 Waldwirtschaft Großhesselohe Biergarten
Burgweg
Münchener Str.
Heilmannstraße
2 Naturerlebniszentrum Burg Schwaneck
S Pullach
START & ZIEL
1 Mariensäule
Isarwerkkanal
Isar

Es gleicht fast einer Explosion, wenn innerhalb von wenigen Tagen der Wald grün ist.

Es ist erwiesen, dass das Waldinnenklima in Kombination mit Bewegung und Achtsamkeit sich schützend auf die Gesundheit des Menschen auswirkt. Egal, zu welcher Jahreszeit man durch den Wald streift: Bäume haben nicht nur Einfluss aufs Klima, sondern unterstützen auch den Körper in vielerlei Hinsicht, gesund und fit zu bleiben, u. a. helfen sie, Stress abzubauen und senken den Blutdruck.

VON PULLACH ZUR BURG SCHWANECK

Vom S-Bahnhof Pullach biegen Sie rechts in die Münchner Straße und folgen ihr in südliche Richtung bis zur Karl-Schröder-Straße. Hier links abzweigen bis zur Heilmannstraße. Dort geht es schräg links gegenüber der 1 MARIENSÄULE PULLACH in den Burgweg, der Sie ca. 200 m durch den Wald, danach weitere 200 m durch eine Siedlung zum Bildungszentrum **BURG SCHWANECK** führt. Dieses beherbergt neben einer Jugendbildungsstätte und einer Jugendherberge das 2 NATURERLEBNISZENTRUM BURG SCHWANECK, an dessen Pavillon der Burgweg unmittelbar vorbeiführt. Am Gartenzaun sind 17 Kacheln mit den Zielen einer nachhaltigen Entwicklung angebracht – und einen Stopp wert. Folgen Sie dem **BURGWEG**, der wieder in den Wald hineinführt.

Kurz darauf (130 m) kommen Sie an eine Weggabelung und nehmen den mittleren Weg in das Landschaftsschutzgebiet hinein. Und schon haben Sie die Geräuschkulisse des Straßenverkehrs hinter sich gelassen, und es herrscht nur noch Ruhe. Lenken Sie Ihre Aufmerksamkeit auf das Vogelgezwitscher und das Rascheln im Gebüsch. Wie ein grüner Gang windet sich der Weg unter einem üppigen Blätterdach entlang, beschreibt eine lange Linkskurve und wird dann wieder zur Geraden. Nach 200 m erwartet Sie zur Rechten die erste Holzbank, eine von vielen weiteren. Rechts hinter ihr führt ein schmaler, unscheinbarer Pfad zu einer lichteren Aufforstung. Hier bietet sich die Gelegenheit, ein wenig tiefer in den Wald einzutauchen und durchs Dickicht zu streifen. Nehmen Sie zwischendurch ein paar tiefe Atemzüge, vielleicht bleiben Sie immer wieder stehen, blicken in den Himmel oder über den heranwachsenden Mischwald hinweg und staunen über die Vielfalt der Natur, die sich hier breit machen darf. Wenn Sie eine Sitzunterlage dabeihaben, dann lassen Sie sich auf einer **LICHTUNG** nieder, halten inne und lassen die Seele baumeln.

Ehe Sie nach einer Weile wieder auf einen breiteren Weg stoßen, begegnen Ihnen links

ISAR UND ISARKANAL AUS DER VOGELPERSPEKTIVE

NATURWISSEN

BUCHENSCHÖSSLINGE

Die jungen Buchentriebe sind etwas für Feinschmecker. Die Schösslinge haben eine milde, nussige Note und sind reich an Proteinen, Vitaminen und wertvollen Mineralstoffen, die dem Immunsystem besonders im Frühling guttun. Buchensprossen eignen sich als Snack bei einem Waldspaziergang, als Salat für zu Hause, oder Sie verwenden einige Triebe als essbare Speisendekoration.

und rechts am Wegrand **NATUR-TIPIS**. An der Gabelung führt der Weg rechts zurück zur Burg Schwaneck. Sie halten sich links und folgen dem Weg weiter gen Norden. Über den von Buchen dominierenden Mischwald blicken Sie hinunter ins Tal, wo die Isar entlangfließt. Halten Sie hier einen Moment inne und nehmen die verschiedenen Nuancen von Grüntönen wahr – unter, neben und über Ihnen.

VON DER BURG SCHWANECK ZUR WALDWIRTSCHAFT

Folgen Sie dem Weg weiter in nördliche Richtung: vorbei an Bäumen und Sträuchern, mal ein Stück weiter in den Wald hinein, dann wieder über eine Lichtung. Nach der zweiten Bank (auf der linken Seite) führt ein steiler Weg rechts im spitzen Win-

DIE BUCHE GILT ALS »MUTTER DES WALDES«

kel in den Talboden und ans Isarufer. Sie bleiben aber am Hochufer und schlendern geradeaus weiter. Hier ist jedoch Vorsicht angesagt. Achten Sie darauf, nicht zu nahe an den rechten Wegrand zu kommen, da hier Absturzgefahr besteht!

Zu jeder Jahreszeit lässt sich im Wald das Werden und Vergehen in der Natur beobachten. Im Frühling, wenn die Natur aus ihrem Winterschlaf erwacht, kann man die geballte Energie spüren, die diese Jahreszeit mit sich bringt. Es gleicht fast einer Explosion, wenn innerhalb von wenigen Tagen der Wald grün ist. Wiesen legen ihr beige-bräunliches Winterkleid ab und hüllen sich in sattes Grün. Überall spitzen neue Triebe hervor, platzen Knospen auf, entfalten sich Blätter. Nicht nur die austreibenden Blätter der Laubbäume machen sich bemerkbar, auch die Baumschösslinge wagen sich nun, zwischen dem Laub, aus dem Waldboden heraus. Hier im Buchenwald können Sie die zarten Keimlinge, die aus den kantigen Bucheckern sprießen, finden und genießen. Sagt nicht der Volksmund »Unter Buchen sollst du suchen«? Sie ahnen es vermutlich schon, Sie befinden sich inmitten eines gigantischen Natur-Marktstandes, der dazu einlädt, gleich vor Ort die nussigen »Sprösslinge« der Buchen zu naschen.

Dort, wo Sie viele Buchenkeimlinge finden, stehen naturgemäß auch mächtige Buchen. Der Baum ist der am weitesten verbreitete Laubbaum in Deutschland und gilt als »Mutter des Waldes«. Wenn man die Buche lässt, kann sie über 300 Jahre alt werden, wobei sie frühestens nach 60 Jahren ihre erste Blüte hervorbringt und da-

STRAMME BUCHENSCHÖSSLINGE

nach auch nur alle fünf bis acht Jahre. Und: Sie gilt als wahrer Sauerstoffgarant.

350 m nach dem Abzweig in das Isartal kommen Sie an eine Weggabelung. Geradeaus ginge es zum beliebten Restaurant ③ **WALDWIRTSCHAFT GROSSHESSELOHE**. Eine Rast im Biergarten der »Wawi« hätten Sie nun wirklich verdient! Oder Sie treten links, auf dem Forstweg, den Rückweg an. Es geht Richtung Südwesten, im Wechsel durch lichten jungen Mischwald hinein in dichten Buchenwald. Unterwegs laden Bänke zum Verweilen ein. Nach 700 m erreichen Sie die **WEGKREUZUNG** am Waldrand: Geradeaus weiter geht es auf dem Burgweg wieder am Bildungszentrum Burg Schwaneck vorbei bis zur Karl-Schröder-Straße. Hier rechts abbiegen bis zur Münchener Straße, und im Nu sind Sie wieder am S-Bahnhof Pullach.

NATURWISSEN

DAS ALTER EINER BUCHE BESTIMMEN

Wenn Sie wissen möchten, wie alt die Buchen in diesem Wald sind, gibt es eine einfache Methode, das herauszufinden: Messen Sie den Stammumfang mittels Ihres Körpers. Im Durchschnitt entspricht die Spannweite der Arme, gemessen von der einen Spitze des Mittelfingers zur anderen, in etwa der gesamten Körpergröße. Breiten Sie Ihre Arme waagrecht aus und versuchen den Baum zu umarmen. Multiplizieren Sie den Stammumfang mit dem Faktor 0,6 und erhalten so das ungefähre Alter des Baumes. Können Sie also den Baum vollständig umarmen und sind 1,70 m groß, dürfte die Buche in Ihren Armen rund 100 Jahre alt sein.

MANDALA AUS FICHTENZAPFEN

EINTAUCHEN IN DIE WALDWELT DER SINNE

WALDERLEBNISZENTRUM GRÜNWALD

Wie fühlt sich ein Hasenfell an? Welche Töne sind im Wald zu hören? Welche Empfindungen löst der Duft von Tannennadeln aus? Die Antworten auf diese Fragen gibt ein Sinnespfad im Grünwalder Forst.

START UND ZIEL Parkplatz Walderlebniszentrum Grünwald

DISTANZ 3,75 km

DAUER ca. 1–2 Std.

ANFAHRT S7 Höllriegelskreuth, Bus 271 Grünwald Friedhof, weiter zu Fuß (10 Min.); Tram 25 Derbolfinger Platz, weiter zu Fuß (ca. 30 Min.) oder mit Bus 271 (s. oben)

GUT ZU WISSEN Wege für Kinderwagen und Rollstühle geeignet

Tölzer Straße
START & ZIEL
Walderlebniszentrum
P
1 Eingang Walderlebniszentrum
2 Holzfernrohre
3 Bienenstand
4 Natur-Xylophon
5 Wildschweingehege
Brücke
6 Sinnespfad
Maximilian Geräumt
Ludwigs Geräumt

SEHEN

Bleiben Sie an einem der Holzfernrohre stehen und werfen Sie einen Blick hindurch. Was können Sie sehen? Wie viel oder welchen Ausschnitt können Sie sehen? Machen Sie einen Vergleich Ihres Seefeldes mit und ohne Fernrohr. Gibt es Unterschiede? Welche sind das? Im Alltag ist es manchmal so, dass eingeschränkte Sichtfelder Details erkennen lassen? Oder ist es Ihnen lieber, das große Ganze zu sehen? Nehmen Sie sich Zeit für eine Reflektion.

Vor den Toren Münchens, im Grünwalder Forst, liegt das Walderlebniszentrum, eine Informations- und Bildungseinrichtung des Amtes für Ernährung, Landwirtschaft und Forsten Ebersberg. Der Besucher darf sich dort auf viele Rundwege und den Walderlebnispfad freuen, der mit zwölf informativen – teilweise interaktiven Stationen – zum Erkunden und Experimentieren, zum Staunen und Verweilen einlädt. Egal, ob man allein, mit der Familie oder in der Gruppe herkommt – für jeden ist etwas dabei: Feuchtbiotope, das Wildschweingehege, ein Abenteuerplatz oder das Kleine Sägewerk. Die Wege sind unterschiedlich lang und können nach Belieben abgekürzt werden.

VOM PARKPLATZ ZUM MAXIMILIAN GERÄUMT

Vom Parkplatz sind es nur ein paar Gehminuten bis zum 1 **EINGANG DES WALDERLEBNISZENTRUMS**. Schon auf den ersten Metern in den Wald hinein spüren Sie die frische Luft, das Licht und die Energie, die dem Wald innewohnt. Folgen Sie der Einladung, in seine vielen kleinen und großen Geheimnisse eingeweiht zu werden. Sie werden viel Neues und Wissenswertes über den Wald erfahren. Zur Auswahl stehen verschiedene Routenmöglichkeiten. Ein Faltblatt dazu erhalten Sie am Eingang. Um auf den Walderlebnispfad zu gelangen, begeben Sie sich am Schilderbaum gleich nach rechts. An einzelnen Stationen können Sie aktiv werden und die Natur mit all Ihren Sinnen erleben. Häufig erhält man die Gelegenheit, altes, manchmal vergessen geglaubtes Naturwissen aufzufrischen. Angefangen beim kostbaren Element **WASSER**. Es gibt frisches Trinkwasser zum Probieren, man erfährt Wissenswertes zur Wasserdurchlässigkeit von unterschiedlichen Materialien und experimentiert mit den Sickereigenschaften des Waldbodens. Mitunter ist sogar detektivischer Spürsinn gefragt, etwa bei den 2 **HOLZFERNROHREN**.

EINLADUNG AUF DEN SINNESPFAD

VOM MAXIMILIAN GERÄUMT ZUM TASTPFAD

An der ersten großen Gabelung geht es über den Weg »Maximilian Geräumt« zur Bienenwiese. Der 3 BIENENSTAND dort klärt über das Leben der Bienen auf und lädt gleichzeitig dazu ein, ihrem unermüdlichen Summen und Brummen zu lauschen. Wussten Sie, dass Bienen verschiedene Summ-Geräusche nutzen, um Informationen zu übertragen und diese Methode der Kommunikation auf den gesamten Bienenstock anwenden? Die Bienen tun dies vornehmlich, um Bedrohungen zu signalisieren. Das Summen dient somit als Überlebensmechanismus, der das Verhalten eines Schwarms koordiniert.

Kehren Sie wieder zurück zur großen Kreuzung und nehmen nun den Abzweig rechts entlang dem Walderlebnispfad. Immer wieder ergibt sich die Möglichkeit, an kleinen Ruheoasen auf Holzbänken Platz zu nehmen und dort die erlebten Eindrücke auf sich wirken zu lassen.

Setzen Sie dann den Spaziergang fort und probieren auch die anderen Stationen aus: Erleben Sie Klangwelten eines 4 NATUR-XYLOPHONS, balancieren Sie auf einem liegenden Fichtenstamm oder nehmen Sie den intensiven Duft des Moosbodens in sich auf.

Am **TASTPFAD** werden Sie eingeladen, sprichwörtlich hautnah die unterschiedlichen Naturmaterialien zu (er)spüren. Ziehen Sie dazu Schuhe und Socken aus und begeben sich barfuß auf den Weg. Es geht über Fichtenzapfen, herumliegende Holzstempen (Stücke von Baumstämmen), Walderde, Moos oder Rinde - ein Waldvergnügen, auch für die Füße.

VOM TASTPFAD ZUM SINNESPFAD

Folgen Sie dem Forstweg gegenüber dem Tastpfad und spazieren weiter auf dem Walderlebnispfad, der sich durch das Gelände windet. Kurzweilige **RÄTSEL** über bekannte oder unbekannte Baumarten machen den ohnehin schon abwechslungsreichen Ausflug zu etwas ganz Besonderem. An den Weggabelungen bleiben Sie auf dem beschilderten Walderlebnispfad und kommen fast am Ende der Rundtour linkerhand an eine 5 HOLZBRÜCKE, die über das **WILDSCHWEINGEHEGE** führt. Hier können Sie die vierbeinigen Waldbewohner sicher und ungestört beobachten: wie sie spielen, im Boden schnüffeln und sich in der Sonne räkeln. Der Rundweg schließt sich, wenn Sie geradeaus auf dem Walderlebnispfad bleiben und an der letzten T-Kreuzung links abbiegen. Im Eingangsbereich befindet sich der neue 6 SINNESPFAD, der den Ausflug in die »Waldwelt der Sinne« gebührend abschließt.

Dieser Pfad beginnt am Eingang des Walderlebniszentrums Grünwald. Die Stationen sind auf verschiedenen Höhen eingerichtet. So können die Sinneserlebnisse auch vom Rollstuhl aus wahrgenommen werden. Der interessierte Besucher darf

STATION AUF DEM WALDERLEBNISPFAD

hier allerlei Fragen beantworten, beispielsweise wie Waldpflanzen schmecken, wie sich verschiedene Fundstücke aus dem Wald anfühlen, welchen Geräuschen man im Wald lauschen kann, was da so verführerisch duftet oder was es in den Baumwipfeln Spannendes zu entdecken gibt. Die Antworten dazu erhält man an Stationen, die aus dicken Holzstämmen gefertigt sind.

WEITERE INFOS:

Das Walderlebniszentrum ist frei zugänglich und bietet das ganze Jahr über ein umfangreiches Veranstaltungsprogramm: z. B. Abenteuertouren oder Waldpädagogische Workshops. An Sonntagen (Mai-Okt.) gibt es Waldführungen mit dem Förster. Jeden Nachmittag um 16 Uhr kann man bei der Fütterung der Wildschweine an der Werkstatt-Scheune zuschauen.
→ www.aelf-ee.bayern.de

BARFUSS – EINE WOHLTAT FÜR DIE FÜSSE

WALDERLEBNISZENTRUM GRÜNWALD

Welche Geräusche gibt es im Wald, was duftet so verführerisch, und was gibt es in den Baumwipfeln Spannendes zu sehen?

BARFUSS LAUFEN

Gönnen Sie Ihren Füßen ruhig ein wenig mehr Freiheit! Also raus aus Schuhen und Strümpfen und mit bloßen Füßen ab in die Natur. Sie werden rasch merken, welche Wohltat das für Ihre Füße ist. Wer regelmäßig barfuß läuft, kann so allerlei Beschwerden und Krankheiten vorbeugen. Unsere Füße bestehen nicht nur aus Knochen und Sehnen, sondern aus vielen Rezeptoren, darunter unzähligen kleinen Muskeln. Diese können den Untergrund präzise wahrnehmen, schiefes Auftreten sofort erspüren und die Bewegung dadurch ausgleichen. Achten Sie einmal darauf: Es ist so gut wie unmöglich, barfuß umzuknicken. Wenn wir hingegen Schuhe tragen, wird dieser Mechanismus beeinträchtigt. Schuhe passen sich nur selten dem Fuß an und verhindern dadurch ein natürliches Abrollen. Das führt dazu, dass die Muskeln kaum trainiert werden und Bänder und Sehnen sich im Lauf der Jahre zurückbilden. Die natürliche Folge ist, dass viele Menschen unter orthopädischen Problemen zu leiden haben, beispielsweise unter Knick-, Senk- oder Spreizfuß. Durch regelmäßiges Barfußlaufen lässt sich das verhindern. Bänder und Muskeln werden gekräftigt, das Fußgelenk stabilisiert und dadurch Verletzungen vorgebeugt.

TOUR 23
MOORSEE DEININGER WEIHER

WEIHER, WALD UND MOOR

DEININGER WEIHER

Der Deininger Weiher ist so beliebt, dass Sie ihn bestimmt nicht für sich allein haben werden. Dem Naturerlebnis tut das keinen Abbruch. Besonders schön ist der Moorsee, wenn er im Sonnenlicht rostrot glänzt.

START UND ZIEL
Parkplatz Waldhaus am Deininger Weiher

DISTANZ 1,5–1,8 km

DAUER ca. 1–2 Std. (beliebig erweiterbar)

ANFAHRT
S7 Höllriegelskreuth, Bus 271 Kleindingharting, Fußweg ca. 20 Min.

MITNEHMEN
Im Sommer Badesachen

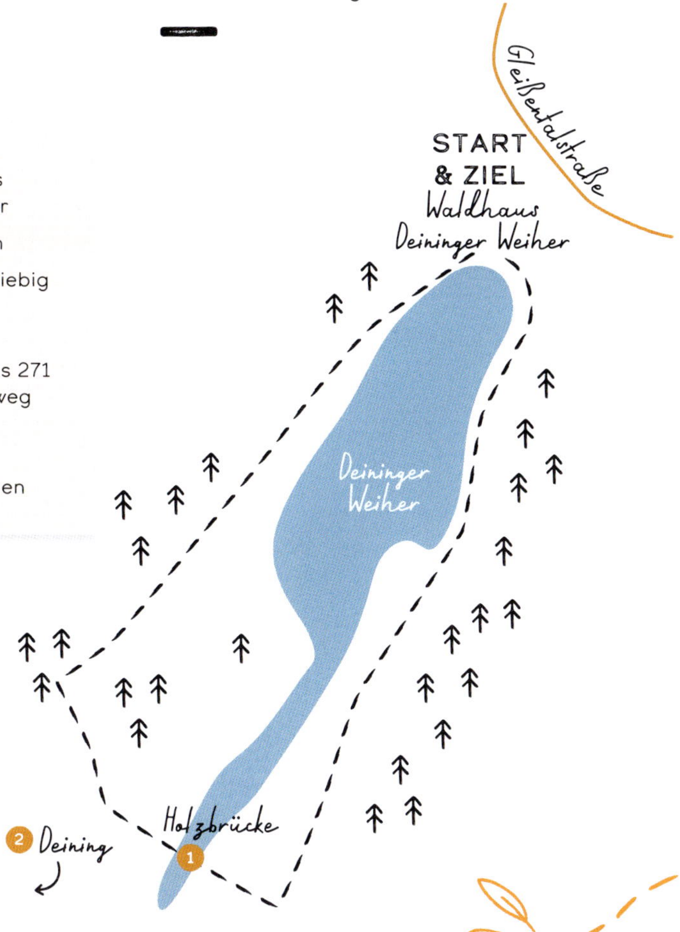

Gleißentalstraße

START & ZIEL
Waldhaus Deininger Weiher

Deininger Weiher

Holzbrücke

1

2 Deining

Seine Entstehung verdankt das geheimnisvolle Moorgebiet am Deininger Weiher der Würmeiszeit. Da hinterließ der Isar-Loisach-Gletscher bei seinem Rückzug ein Becken, das sich mit Schmelzwasser füllte. Heute lockt der rotbraun schimmernde **MOORSEE** 20 km südlich von München vom Sommer bis in den Herbst hinein viele Badegäste an, schließlich ist er nur 1,80 m tief, und sein Wasser erwärmt sich schnell. Seine wunderschöne Lage im Landschaftsschutzgebiet Südliches Gleißental lädt zu allen Jahreszeiten zur Naturbeobachtung, zum Wandern oder Relaxen ein. Das 16 ha große Moorgebiet ist auch ein Rückzugsort für gefährdete Tierarten (wie Ringelnattern, Kreuzottern und Blindschleichen).

VOM WALDHAUS UM DEN SEE

Gleich vor der Gaststätte »Waldhaus am Deininger Weiher« startet der Rundweg links entlang der Hecke neben der Terrasse. Folgen Sie dem Pfad, der gleich wieder rechts abbiegt, am Weiher entlang. Parallel führt ein Fußweg durch den Wald. Nach etwa 600 m den kleinen Weg nehmen, der rechts durch das Schilf abzweigt. Über eine kleine ① HOLZBRÜCKE spazieren Sie in Richtung Wald. Dort gabelt sich der Weg, es geht rechts um die Kurve. Lassen Sie den lichten Wald zu Ihrer Linken und das Wasser zu Ihrer Rechten und spazieren entweder entlang des Hauptwegs oder des Waldpfads zum Ausgangspunkt zurück. Die Route einmal um den See herum ist zwar nicht besonders lang, es lässt sich dennoch hier gut verweilen. Schließlich hält die Natur viel Schönes bereit. Sich einfach von den Sonnenstrahlen wärmen oder an der Nase kitzeln lassen, während man gemütlich auf einer Holzbank am **UFER** sitzt und den großen Kreisen nachsinnt, die sich bilden, wenn man einen Stein übers Wasser hüpfen lässt … Oder Sie legen sich auf den samtweichen Moosboden im Wald, schauen in den Himmel und lassen Ihren Blick über die Fichtenwipfel schweifen. Fichten sind ein gewohnter Anblick in den heimischen Wäldern. Sie können bis zu 500 Jahre alt werden, Höhen von 20 oder 30 m sind dabei keine Seltenheit. Unter der Klimaerwärmung hat der Fichtenbestand hierzulande allerdings enorm zu leiden, denn dieser Nadelbaum benötigt ausreichend Wasser, weshalb er in den immer trockener werdenden Regionen kaum mehr Überlebenschancen hat. Noch vor weniger

EINKEHR IM »WALDHAUS« AM SEE

als hundert Jahren wurden Fichten in ausgeprägten Monokulturen gepflanzt. Die kahlen Baumstämme, die in Reih und Glied stehen, können wir heute als eine Art Natur-Barcode sehen.

Der Stamm der Fichte findet speziell in Bayern auch Verwendung als Maibaum. Fichten symbolisieren die Kraft der Erneuerung, sollen Segen bringen und vor Unglück bewahren. Das ist auch der Grund, warum beim Richtfest ein Fichtenbäumchen (oder -kranz) auf dem Dach angebracht wird.

VOM MOOR NACH DEINING

Wem nach etwas mehr Bewegung der Sinn steht, kann die Tour über das Naturschutzgebiet **DEININGER MOOR** hinaus verlängern. Hier wandert man an den beschriebenen Abzweigungen weiter und lässt den Deininger Weiher hinter sich. Auf der Strecke gelangt man durch 2 DEINING, einen Ort, der im Sommer mit üppigem Balkonblumenschmuck erfreut. Für die landschaftlich abwechslungsreiche Tour ist eine gute Kondition Voraussetzung. Insbesondere im Spätherbst und Winter, wenn die Bäume nicht mehr belaubt sind, bieten einzelne Höhen einen herrlichen Panoramablick.

Zurück am Deininger Weiher lädt das idyllisch gelegene **WALDHAUS** mit alpenländischen Spezialitäten zur Einkehr am See ein (www.waldhaus-deiningerweiher.de). Genießen Sie nochmal den Blick über den See, lassen die Seele baumeln und freuen sich über den gelungenen Tag.

NATURWISSEN

HEILWIRKUNG DER FICHTE

Nadelbäume wie Fichten werden in der Naturheilkunde auch als Heilpflanzen geschätzt. Neben Vitamin C enthalten sie ätherische Öle, Mineralien sowie wertvolle Gerb- und Bitterstoffe. Für den privaten Gebrauch können Sie gern ein paar Fichtenzweige mit nach Hause nehmen. Nehmen Sie die von gefällten Bäumen am Wegesrand oder solche, die der letzte Sturm abgerissen hat.

Die Inhaltsstoffe von Fichtennadeln wurden schon von den alten Germanen bei bakteriellen Erkrankungen der Atemwege geschätzt. Ein hoher Anteil an ätherischen Ölen und Harzen wirkt antibakteriell und schleimlösend. (Zubereitung Tee s. unten). Der hohe Vitamin-C-Gehalt stärkt das Immunsystem und wirkt bei Frühjahrsmüdigkeit belebend.

Fichtennadeltee: Pro Tasse genügt ein Teelöffel Fichtennadeln. Mit warmem Wasser (nicht zu heiß!) ansetzen. Den Tee mindestens 5 Min. ziehen lassen und bei Bedarf mit etwas Honig süßen.

SEBASTIANI-STEG ÜBER DIE LOISACH IN WOLFRATSHAUSEN

MIT HANNIBAL AUF DEM TRAUMPFAD

VON ICKING NACH WOLFRATSHAUSEN

Das Wegstück zwischen Icking und Wolfratshausen ist der klitzekleine Teil einer Etappe des Traumpfads von München über die Alpen nach Venedig. Sechseinhalb von insgesamt 526 Kilometern. Jeder Meter ist eine Offenbarung.

START S-Bahn Icking

ZIEL S-Bahn Wolfratshausen

DISTANZ 6,25 km

DAUER 2,25 Std.

ANFAHRT
S7 Icking

MITNEHMEN
Decke oder Sitzunterlage

START
Icking
Isarweg
Mittenwalder Straße
Ickinger Wehr 1
Aussichtspunkt Riemerschmid 3
2 Zusammenfluss Isar & Loisach
Äußere Münchener Straße
Loisach
Isar
Weidacher Brücke
Kastenmühlenwehr
Flößerpfad für Kinder 6
ZIEL
Sebastiani-Steg 4
5
Wolfratshausen
Wirtshaus Flößerei

Zu Fuß von München bis nach Venedig - das klingt nach einer reizvollen Unternehmung durch bezaubernde und abwechslungsreiche Natur. Das ist es auch. Aber diese lange Tour ist schon zeitlich nicht für jeden zu schaffen. Doch gemäß der Devise »Jede Reise beginnt mit dem ersten Schritt« wird ein Teil der ersten Etappe zu einem unvergesslichen Erlebnis.

VOM ISARWEG ZUM ICKINGER WEHR

Los geht es am Bahnhof Icking, in südliche Richtung über die Mittenwalder Straße in den Hauser Weg, der bald zum Isarweg wird. Dieser schlängelt sich ortsauswärts vorbei an der Pfarrkirche Heilig Kreuz (links) und macht danach einen Rechtsbogen. Sie bleiben auf dem **ISARWEG** in südliche Richtung, vorbei an einer Hundeschule (rechts) und lassen die nächste Abbiegung sprichwörtlich links liegen. Etwa 100 m weiter kommen Sie zu einem etwas versteckten Pfad, dort links abzweigen. Dieser schlängelt sich bis zur Brücke über den **AUERBACH**, einem Seitenbach der Isar. Lassen Sie Ihre Blicke links und rechts schweifen, bewundern Sie die ursprünglich wirkende Natur, den sanften Bachlauf und im Gegensatz dazu die wildromantischen Ufer. Schon wenige Schritte weiter taucht vor Ihnen das ❶ **ICKINGER WEHR** auf. Das Bauwerk aus den 1920er-Jahren mit seiner holzvertäfelten Fassade und der überdachten Brücke ermöglicht das Überqueren der Isar. An dieser Stelle wird der Mühltalkanal von der Isar abgeleitet und versorgt das Laufkraftwerk **MÜHLTAL** mit Wasser. Neben der Energieversorgung dient das Wasserkraftwerk auch der Flößerei. Machen Sie einen Abstecher über das Ickinger Wehr, beobachten Sie in den Sommermonaten die Flöße, lauschen der zünftigen Blasmusik und winken den vergnügten Passagieren auf den Holzstammflößen zu.

Jede Reise beginnt mit dem ersten Schritt.

VOM WESTUFER ZUM AUSSICHTSPUNKT RIEMERSCHMID

Zurück am Westufer geht es flussaufwärts. Mal näher am Wildfluss, dann wieder mit mehr Abstand, aber immer inmitten schönster Natur und weit weg von Straßenlärm und der Hektik des Alltags. Nach etwas mehr als 1 km erwartet Sie ein besonderes Naturschauspiel: der ❷ **ZUSAMMENFLUSS VON ISAR UND LOISACH**. Hier mündet

ICKINGER WEHR: ÜBERDACHTE HOLZBRÜCKE ÜBER DEN ISARKANAL

FANTASIEREISE

Sie befinden sich auf der ersten Etappe des Fernwanderweges von München nach Venedig. Dieser wird auch »Traumpfad« genannt. Begeben Sie sich gedanklich auf eine weite Reise. Vielleicht stellen Sie sich den karthagischen Heerführer Hannibal vor, der mit seinen Elefanten, Reitern und einer riesigen Gefolgschaft wohl einer der Ersten war, die 218 v. Chr. zu Fuß die Alpen überquerten.

Welche Rolle spielen Sie dabei? An welcher Position in dem ganzen Tross befinden Sie sich? Auf dem Fluss kommen Ihnen gewiss Flöße entgegen, was könnten diese geladen haben? Besteht ihre Fracht aus Holz, Salz oder vielleicht aus allerlei Köstlichkeiten, die Sie auf Ihrer Reise stärken und laben? Oder kommen damit gefährliche Wildtiere, die Sie in Gefahr und damit in eine Notlage bringen könnten?

Lassen Sie sich während Ihrer Wanderung auf Ihre eigene Fantasiereise ein, und entführen Sie sich selbst in eine andere Welt.

ZUSAMMENFLUSS VON ISAR UND LOISACH AUS DER LUFT

die Loisach, entsprungen in einem Sumpfgebiet bei Biberwier, westlich der Zugspitze in Tirol, nach 110 km in die Isar. Diese wiederum hat ihre Quelle im Karwendel bei Scharnitz und fließt nach insgesamt 290 km in die Donau. Zu jeder Jahreszeit schimmert hier die Wasseroberfläche in unzähligen Facetten von Blau-, Grün- und Grautönen. Nehmen Sie sich Zeit für eine Rast am Ufer.

Auf Höhe des Mündungsgebietes führt Sie der Pfad rechts über mehrere Stufen hoch. An der Gabelung gehen Sie links über Holzstege durch ein sumpfartiges Gebiet, bis Sie wieder auf Waldboden angelangt sind und an der Bahnstrecke entlangspazieren. Die Abzweigung nach links zum 3 **AUSSICHTSPUNKT RIEMERSCHMID** mit dem herrlichen Blick sollten Sie sich nicht entgehen lassen. Dort erinnert ein Gedenkstein an den Architekten Richard Riemerschmid - einen Pionier des Jugendstils - und seine beiden, im Krieg gefallenen Söhne.

VON DER SCHLENDERLEITEN NACH WOLFRATSHAUSEN

Zurück auf dem Pfad schlendern Sie weiter durch den Wald und biegen etwa 1 km nach dem Aussichtspunkt geradeaus in die Schlenderleiten und folgen ihr bis nach **WOLFRATSHAUSEN** hinein, der Flößerstadt. Das mittlerweile touristische Highlight ist eine Floßfahrt von Wolfratshausen nach München. Diese bietet nicht nur eine unvergessliche Gaudi bei Livemusik und bayerischen Schmankerln auf den schwimmenden Holzbalken. Sie ist zugleich auch eine Reise in die Vergangenheit und zum Ursprung einer uralten Handwerkstradition, der

EINE SCHÖNE TOUR, AUCH IM WINTER

FLÖSSEREI (s. S. 69, Tour 13). Sie war es, die aus meterlangen Fichten, die im Dezember gefällt werden, tragende Flöße fertigte, die bis zum Ende des 19. Jh. Waren, Baumaterial, aber auch Menschen und Tiere auf den teils reißenden Flüssen beförderte.

Gehen Sie, bis Sie auf die Weidacher Hauptstraße stoßen. Hier biegen Sie links ab und überqueren die Loisach auf der Brücke mit dem kunstvollen, salbeigrünen Geländer. Danach biegen Sie gleich rechts in den Fußweg ein und folgen diesem der Loisach entlang flussaufwärts. Sie kommen am **KASTENMÜHLWEHR** vorbei, einer weiteren Loisachbrücke, und spazieren bis zum wunderschönen 4 **SEBASTIANI-STEG**. Diese überdachte, aufwendig aus Holz erbaute Brücke lädt zu einem Abstecher ein. Flanieren Sie über die leise knarzenden Holzplanken und lassen Sie sich von dem herrlichen Ausblick über das Wasser in nördlicher und südlicher Richtung begeistern. Bestimmt sehen Sie auch das ein oder andere Fischlein munter im Wasser hüpfen. In dem Gebirgsfluss, der einen reichen Fischbestand aufweist, tummeln sich u. a. Forellen, Aale und Äschen, Huchen, Barben und Saiblinge, aber auch größere Exemplare wie Karpfen und Hecht.

In direkter Nähe zum Sebastiani-Steg am östlichen Flussufer empfängt Sie in einem alten Bauernhaus das 5 **WIRTSHAUS FLÖSSEREI**. Drinnen in der Gaststube und draußen im Garten werden typisch bayerische Schmankerln aufgetischt.

Später, auf dem Weg zum Bahnhof, kommen Sie auf dem Hammerschmiedweg am 6 **FLÖSSERPFAD FÜR KINDER** vorbei, der auch Erwachsenen Wissenswertes über die alte Tradition der Flößerei vermittelt. Der Hammerschmiedweg führt in östlicher Richtung zum S-Bahnhof, wo Sie die Fahrt zurück nach München antreten. Und in der Bahn sicher noch eine Weile in Erinnerungen an Ihre Etappe des Traumpfads schwelgen.

WEITERE INFOS:

Die Wanderung ist zu jeder Jahreszeit möglich. Achten Sie im Winter auf entsprechende Ausrüstung.

EISZEITLICHE KOSTBARKEIT: DIE OSTERSEEN

EIN HAUCH VON KANADISCHER WILDNIS

OSTERSEEN

Der Ausflug führt ans Wasser mit herrlichem Alpenpanorama. 20 Einzelseen und Weiher umfasst die Seenplatte der Osterseen, die wie eine Kette durch unzählige Kanäle und Bäche miteinander verbunden sind.

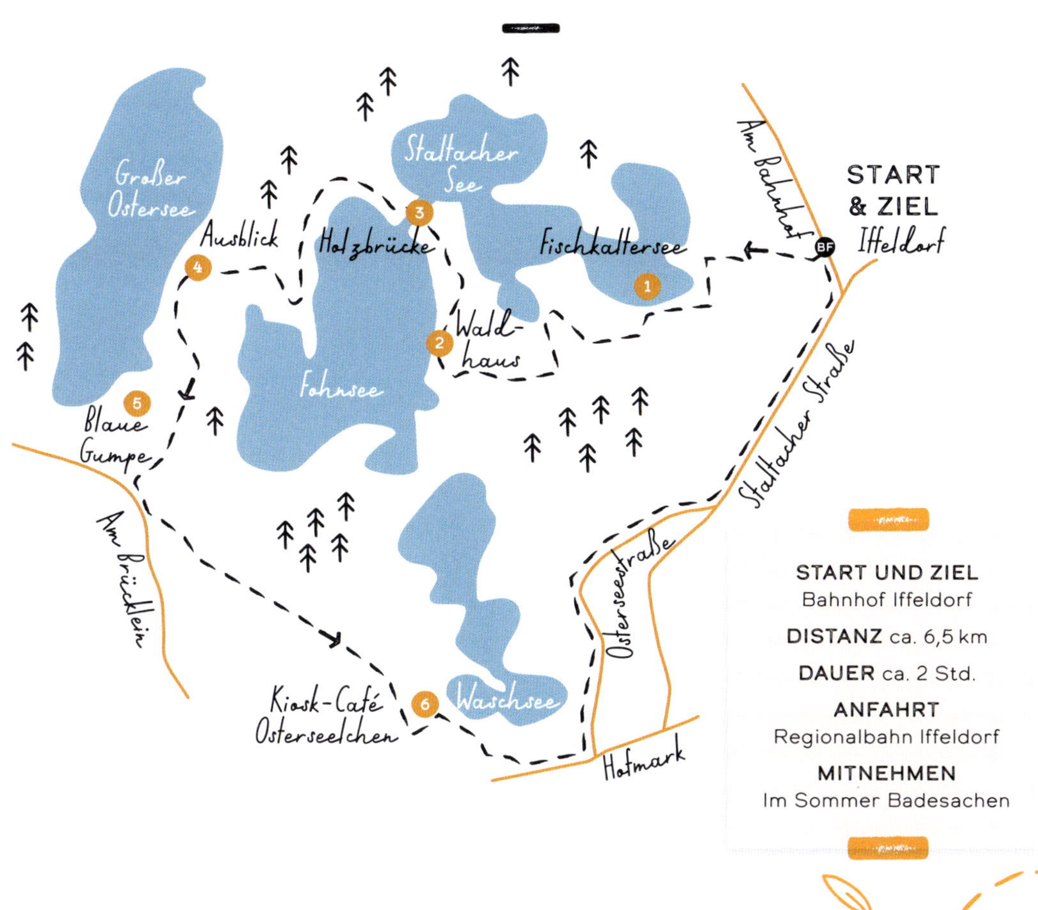

START UND ZIEL Bahnhof Iffeldorf

DISTANZ ca. 6,5 km

DAUER ca. 2 Std.

ANFAHRT Regionalbahn Iffeldorf

MITNEHMEN Im Sommer Badesachen

Nur zu gern möchte man hier ein Vogel sein und die Seenplatte aus der Luft erleben. Denn von oben muten die aus vielen kleinen Seen, Weihern, Tümpeln, moorigen Senken und Gumpen bestehenden Osterseen wie ein glitzerndes türkis-blaues Band an, das sich durch eine tiefgrüne Landschaft windet. Für Sie geht es aber zurück auf den Boden der Tatsachen, wo der Weg mal am Ufer des türkisblauen Wassers entlangführt und dann wieder in dunkle Wälder eintaucht, die an Skandinavien oder an Kanada erinnern. Die Osterseen – ihr Name hat nichts mit Ostern zu tun, sondern stammt vom althochdeutschen Wort »ōstar« für Osten ab – sind Überbleibsel eines Glazials (Kaltzeit), entstanden beim Abschmelzen der Gletscher. Neben der Eggstätt-Hemhofer-Seenplatte nahe dem Chiemsee gelten sie als die Eiszerfallslandschaft im bayerischen Voralpenland mit der reichsten Struktur. Um dieses fragile Ökosystem südlich des Starnberger Sees zu bewahren, wurde das 1092 ha große Areal zu Beginn der 1990er-Jahre zum **NATURSCHUTZGEBIET** erklärt.

VOM BAHNHOF IFFELDORF ZUM FOHNSEE

Angekommen am Bahnhof Iffeldorf überqueren Sie die Straße Am Bahnhof und spazieren Richtung Westen, lassen dabei die Feuerwehr links liegen und steuern den Fußballplatz an. Kurz davor biegen Sie am Kiosk links in einen kleinen Weg, folgen diesem und nehmen wenige Meter wieder links den Pfad, der zum Fischkaltersee führt. Noch vor dem Kindergarten St. Vitus biegen Sie in den kleinen Waldpfad rechts ab und lassen den Fischkaltersee zunächst rechts liegen. Nach ein paar Schritten öffnet sich der Wald und gibt einen überraschenden Blick auf den 1 **FISCHKALTERSEE** frei. Davor befinden sich ein privater Badesteg und ein Holzplateau.

Setzen Sie den Spaziergang fort und halten sich auf dem linken Wurzelweg, der leicht bergan führt. Der Pfad schlängelt sich malerisch durch das Gehölz, bevor er an einen breiteren Forstweg kommt. Dort rechts halten (etwas abfallend), und schon bald steht man am Ufer des **FORCHENSEES**, der im Sonnenlicht hellblau schimmert. Danach dreimal links halten, immer auf dem Wurzelweg bleibend. An einer erneuten Weggabelung geht es dann rechts in Richtung Fohnsee. Nachdem der Parkplatz überquert ist, öffnet sich der Blick auf den türkisblauen **FOHNSEE**. Mächtige, elegante Kiefern erinnern ein wenig an den letzten Sommer in Schweden. Es geht vorbei am 2 **WALDHAUS AM FOHNSEE**. An sonnigen Tagen lädt die Terrasse mit Blick über den See ein, mit Zwiebelturm von St. Vitus und Alpenpanorama im Hintergrund – ein Bilderbuchmotiv.

»Ein Körper, der ruhig und entspannt ist, zieht den geistigen Frieden an.«
Yogananda

VOM FOHNSEE ZUR BLAUEN GUMPE

Es geht weiter, entlang des Fohnsees und am Campingplatz vorbei. Zur Linken geben Büsche und Bäume immer wieder den Blick aufs Wasser frei, Holzbänke laden zum Verweilen ein. Überqueren Sie den Verbindungsarm zwischen Fohnsee und Staltacher See (auch Eishaussee genannt) auf einem schmalen 3 HOLZSTEG und genießen Sie die unberührte Natur ringsherum.

STRUDELTOPF »BLAUE GUMPE«

Folgen Sie nun dem Waldpfad, der eine Linkskurve um den Fohnsee beschreibt und wieder vom Ufer wegführt. Sobald eine T-Kreuzung erreicht ist, links gehen, von hier bietet sich der erste 4 BLICK ÜBER DEN GROSSEN OSTERSEE. An Tagen, an denen sich die Sonne versteckt, kann es sein, dass man am Ufer steht und das türkise Nass für sich ganz alleine hat. An diesem schönen Platz mit Blick auf eine Kiefer, die sich über das Wasser neigt, üben Sie die Position des Baumes (s. S. 137).

Diese Übung fördert die Balance, aktiviert nahezu alle Muskeln, öffnet den Herzraum, festigt Konzentration und Entschlossenheit. Sie klärt zudem den Geist und stärkt die innere Ruhe. Oder, um es mit den Worten des indischen Yoga-Meisters und Philosophen Yogananda auszudrücken: »Ein Körper, der ruhig und entspannt ist, zieht den geistigen Frieden an.«

Baden ist an den Osterseen nur an drei ausgewiesenen Stellen erlaubt: Eine von ihnen befindet sich am Fohnsee, die anderen beiden am Großen Ostersee (Badeplatz Staltach am Ostufer und einer im südöstlichen Teil). Die Versuchung hierzubleiben, ist groß, doch es wartet ein ungewöhnliches Naturschauspiel, das schon bald erreicht ist: die 5 BLAUE GUMPE. Dabei handelt es sich um einen Strudeltopf mit glasklarem Quellwasser. Sogenannte Gumpen sind in Bayern keine Seltenheit, die Blaue Gumpe im Moorgebiet bei Iffeldorf, deren Grundwasser unterirdisch austritt, aber ist ein-

DÖRFLICHE IDYLLE: IFFELDORF

malig. Sie kann von einem **HOLZPLATEAU** aus bestaunt, darf aber nicht betreten werden. Sommers wie winters beträgt die Wassertemperatur konstant um die 10 Grad, um das ökologische Gleichgewicht der Osterseen zu erhalten. Kommt man im Winter her, dampft der Strudeltopf wie eine heiße Quelle. Hier lässt Island grüßen!

VOM STEINBACH ZUM WASCHSEE

Nach diesem besonderen Erlebnis geht es weiter. Der Steinbach, der den Großen Ostersee mit dem Fohnsee verbindet, wird überquert und die Straße »Am Brücklein« erreicht. Hier links halten und ein paar Meter auf der Asphaltstraße bleiben, ehe es wieder auf den Pfad geht. Dann führt der Weg über saftige Wiesen. Geradeaus läuft man direkt auf **IFFELDORF** mit der malerischen Kirche St. Vitus zu. Zur Linken erstrecken sich die sanften Grashügel vor dem Fohnsee, und rechts bietet sich ein herrliches Alpenpanorama. Was passt besser, als diese Wanderung mit einem genüsslichen Abschluss bei Annelie im 6 **»OSTERSEELCHEN«** zu beenden. Der direkt am Wanderparkplatz gelegene Slow-Food-Kiosk bietet hausgemachte Köstlichkeiten von süß bis salzig und einen feinen Kaffee von der lokalen Kaffeerösterei Murnau.

Wenn Sie es nach einer gemütlichen Kaffeepause geschafft haben, sich von diesem wunderbaren Ort loszueisen, geht es vom Angerweg links in die Jägergasse und dann wieder rechts in den Fischersteig. Einige Stufen führen zur Kirche **ST. VITUS** hoch, die zu einer kurzen Stippvisite einlädt. Der Besuch des Gotteshauses lohnt sich allein schon wegen des schönen Deckenfreskos aus dem Jahr 1755, das das Martyrium des Kirchenpatrons, des hl. Vitus, darstellt. Danach geht es weiter dem **WASCHSEE**

EIN BESONDERER KIOSK

entlang und über den gleichnamigen Weg links in die Osterseestraße, die Sie wieder zurück zum Bahnhof Iffeldorf bringt.

WEITERE INFOS:

→ www.osterseen-iffeldorf.de
→ www.fohnsee.de
In den Sommermonaten finden am See auch Yogastunden statt:
→ www.julia-yoga-love.de

DER BAUM

Nehmen Sie einen stabilen, hüftbreiten Stand ein. Die Schultern sinken entspannt nach hinten, unten, die Brust ist geöffnet. Aktivieren Sie Ihre Oberschenkel sowie die Rumpfmuskulatur und lassen Sie Ihr Becken leicht nach vorn kippen. Vermeiden Sie, dabei ein Hohlkreuz zu machen. Die Knie minimal beugen.

Verlagern Sie nun Ihr Gewicht zunächst auf das linke Bein. Heben Sie das rechte Knie langsam nach oben und setzen den rechten Fuß mit der Sohle am Oberschenkel, an der Wade oder mit den Zehen auf dem Boden ab. Diese Balanceübung wird umso anspruchsvoller, je höher die Position Ihres Fußes ist. Sie können die Arme über den Kopf zu einem V ausstrecken und die Finger dabei spreizen, sodass Ihre Arme die Baumkrone symbolisieren. Diese Position etwa 15 Sek. halten, die Schultern sind weiterhin entspannt. Wenn Sie noch ein Stück weiter gehen wollen, wiegen Sie sich etwas von einer Seite zur anderen, wie ein Baum im Wind.

Die Arme nun wieder senken, den rechten Fuß behutsam abstellen und dann den Baum auf der anderen Seite üben.

BILDERBUCH-PANORAMA: DER SCHLIERSEE UND SEINE BERGE

HERZBLUT UND »HEIMATGFUI«

SCHLIERSEE

Kaum etwas besitzt auf Städter mehr Anziehungskraft als ein bayerisches Dorf mit Kirchturm und Maibaum in der Mitte, Bergen und See rundherum. Die Wiesen, sattgrün im Sommer, schneeweiß im Winter. Kein Wunder, dass es die Münchner in ihrer Freizeit in Scharen »aufs Land« zieht.

START Bhf. Schliersee

ZIEL Bhf. Fischhausen-Neuhaus

DISTANZ 6 km

DAUER 3 Std.

ANFAHRT
Bayerische Oberlandbahn (BOB)
Bhf. Schliersee

RÜCKFAHRT
Bayerische Oberlandbahn (BOB)
Bhf. Fischhausen-Neuhaus

MITNEHMEN Festes Schuhwerk

START
Schliersee BF
1 Heimatmuseum
2 Konditorei Mesner, Schliersee
3 Unterleiten
Schliersee
Seestraße
Neuhauser Straße
4 Burgruine Hohenwaldeck
5 Markus Wasmeier Freilichtmuseum
ZIEL
Fischhausen-Neuhaus BF
6 La Stazione, Neuhaus

Freuen Sie sich auf Landidylle im Bergwald, den Schlierseer Höhenweg. Er ist zu jeder Jahreszeit ein beliebtes Ausflugsziel. Bei einem Besuch im Winter sollten Sie das entsprechende Schuhwerk tragen und evtl. Grödeln (leichte Steigeisen) mitnehmen.

VOM BAHNHOF SCHLIERSEE ZUR BURGRUINE

Start ist mitten im malerischen Bergdorf Schliersee am gleichnamigen Bahnhof. Spazieren Sie nach dem Gleis rechts und folgen der ersten Möglichkeit nach links in die Gartenstraße. Diese wird wenig später zur Perfallstraße und macht einen Bogen, ehe sie nach rechts in die Lautererstraße abbiegt. Es geht vorbei an einer **BURGRUINE** aus dem 14. Jh., die einst zur Grafschaft Hohenwaldeck gehörte. Zu ihr führt auch der Höhenweg oberhalb der östlichen Seeseite. Seit rund 100 Jahren ist hier das 1 **HEIMATMUSEUM** untergebracht. Neben dem Anwesen aus dem Mittelalter gibt es seit 2018 einen Erweiterungsbau – eine harmonische Verbindung aus Alt und Neu. Statten Sie dem Heimatmuseum ein anderes Mal einen Besuch ab und bummeln jetzt mit dem Gedanken an Heimat weiter. Was bedeutet für Sie Heimat? Ist es der Ort, an dem Sie geboren wurden und oder heute leben? Dort, wo Ihre Lieben sind? Fühlen Sie Heimat an einem bestimmten Fleckchen Erde, der für Sie Geborgenheit ausstrahlt? Heimat hat viele Facetten.

Und weiter geht's, vorbei am Heimatladen »Hoamatgfui«, der allerlei hübsche Produkte offeriert, die meisten sind Unikate. Hergestellt in Handarbeit von jungen Manufakturen, Designern und Betrieben aus der Region mit sehr viel Herzblut.

Nach wenigen Schritten kommen Sie an einem weiteren Traditionshaus vorbei: der 2 **KONDITOREI MESNER**, Café und Confiserie, die ihren Sitz in einem der ältesten Häuser Schliersees hat. Noch ein paar Meter weiter, und die Seestraße ist erreicht, der Sie rechts ca. 450 m folgen. Gleich bei der ersten Möglichkeit nach der Seebar links abbiegen und auf diesem Weg bleiben, der später auf die Straße 3 **UNTERLEITEN** trifft. Dort links geradeaus und an den folgenden zwei Möglichkeiten rechts, bis man schräg rechts in den Maximiliansweg einbiegt. Ab hier geht es bergan, nach rund

Ist Heimat ein Fleckchen Erde, das für Sie Geborgenheit ausstrahlt?

BANKERLMOMENT MIT SEEBLICK

WALDBADEN

Beim Waldbaden steigen Sie natürlich nicht in eine Badewanne. Der Begriff wurde vom Japanischen »Shinrin Yoku« abgeleitet, einer Therapieform, mit der Wissenschaftler in den 1980er-Jahren nachweisen konnten, dass der Aufenthalt im Wald der Gesundheit ausgesprochen förderlich ist. Es geht dabei keineswegs um ein sportliches oder messbares Ziel wie einen Berglauf oder eine Joggingrunde im Wald, sondern um das »Eintauchen« in die Wald-Atmosphäre. Waldbaden ist ein Achtsamkeitstraining im Lebensraum der Bäume, bei dem alle Sinne aktiviert werden – frei von Bewertungen und vorher definierten Zielen. Auch bei einem bewussten, ausgedehnten Wald-Spaziergang lassen sich die entspannungs- und gesundheitsfördernden Effekte des Waldes nutzen.

ÜBER FREIES ALMGELÄNDE ...

... UND DURCH GRÜNEN MISCHWALD

100 m teilt sich der Weg, Sie folgen dem rechten Pfad aufwärts. Kurz darauf treten Sie aus dem Wald heraus auf eine Asphaltstraße, der Sie links folgen. Von hier aus haben Sie bereits einen Traumblick über den See bis zu den Schlierseer Bergen. Nach 350 m passiert ein schmaler Weg rechts ein Viehgatter und führt weiter leicht bergan über freies **ALMGELÄNDE**. Spazieren Sie genüsslich entlang und erfreuen Sie sich an dem romantischen Bergweg. Sie kommen linkerhand etwas oberhalb des Weges an einer Bank vorbei. Diese verleitet zu einem Stopp mit fantastischem Panoramablick über den See und das Bergdorf Schliersee.

Nach rund 500 m geht es wieder in den Wald hinein. Von da an schlängelt sich der Weg, mal breiter und wieder schmäler werdend, mal eben und dann wieder gemächlich bergan. Beide Male, wo es Abzweigungen gibt, halten Sie sich rechts und überqueren nach weiteren 600 m eine Holzbrücke. Schon bald erreichen Sie ein weiteres Bankerl, das zur Rast einlädt.

500 m hinter dem Holzsteg erreichen Sie zur Rechten die 4 **BURGRUINE HOHENWALDECK**. Bitte beachten Sie die Absperrungen und gehen kein unnötiges Risiko ein. Der Höhenweg durch den Wald ist auch ohne Zutritt zur Burg sehr reizvoll. Hier oben, unter den Bäumen, bietet sich Gelegenheit, ein entspanntes »Bad im Wald« zu nehmen. »Waldluft ist wie ein Heiltrunk zum Einatmen«, sagt Clemens G. Arvay, österreichischer Biologe und Autor vieler Sachbücher, die den Zusammenhang zwischen Mensch und Natur beleuchten (s. S. 186).

VON DER BURG HOHENWALDECK ZUM MUSEUMSDORF

Nach der Abzweigung zur Burgruine verläuft der Waldweg über Wurzeln in Serpentinen bergab. Knapp 1 km nach der Burg stößt der Bergpfad auf einen breiteren Weg, dem Sie nach links folgen. Schon bald führt der Schotterweg aus dem Wald heraus und bietet freien Blick über Wiesen und Berge. Dem Weg geradeaus folgen, der nach 200 m auf die Hauptstraße stößt. Hier haben Sie mehrere Möglichkeiten: Rechts geht es zum See (ca. 350 m). Der Seerundweg bringt Sie links über den Fußweg zurück zum Bahnhof (4,6 km). Auf dem Weg zum See kommen Sie an der Haltestelle vorbei, wo der Bus zum Bahnhof abfährt. Alternativ gehen Sie an der Hauptstraße links und gelangen nach 800 m zum Bahnhof Fischhausen-Neuhaus. Gegenüber befindet sich abermals ein Ort der Heimat, nämlich das 5 **MARKUS WASMEIER FREILICHTMUSEUM**. Das altbayerische **MUSEUMSDORF** (www.wasmeier.de) ist eine Begegnungsstätte für Kultur, Tradition und Handwerk. Dort können Sie zurück in eine Zeit reisen, die den Alltag der Bauern im 18. und 19. Jh. zeigt.

Oder: Sie machen Station im Tagescafé 6 **LA STAZIONE**. Es verwöhnt mit italienischen Spezialitäten und mediterranem Flair. Ob drinnen oder draußen, Wohnzimmeratmosphäre oder Sonnenterrasse – ein Geheimtipp! Manch einer hat schon den Zug nach München verpasst, weil es sich hier wie im Urlaub angefühlt hat. Nicht weiter schlimm, der nächste fährt in einer Stunde.

NATURWISSEN

BERGAHORN

Bergahorn bezaubert im Herbst mit seiner bunten Färbung. In den Wäldern Oberbayerns sind Feld- und Bergahorn weit verbreitet, in den Alleen Münchens trifft man häufig auch den Spitzahorn an. Bestimmt können Sie sich noch an die »Nasenzwicker« Ihrer Kindheit erinnern. Die Ahornfrüchte, die – einmal nach oben geworfen –, propellerartig durch die Luft nach unten kreiseln. Im Frühling sind die jungen Blätter und Triebspitzen essbar. Von der Natur wurden sie prall gefüllt mit wertvollen Inhaltstoffen wie Kalium, Kalzium, Magnesium und Eisen. Sie enthalten aber auch Saponine, seifenartige Pflanzenstoffe, die die Darmschleimhaut reizen können. Daher das junge Grün sparsam naschen!

TOUR 27
ABENDSTIMMUNG AM SEE

ERFASST VON TIEFER SEEN-SUCHT

DEN KOCHELSEE UMRUNDEN

Wen die Seen-Sucht packt, der steige in den Zug und fahre nach Kochel am See. Der von den Münchner Hausbergen eingerahmte See stillt das Verlangen nach Wasser, Bergluft und lieblichen Auen.

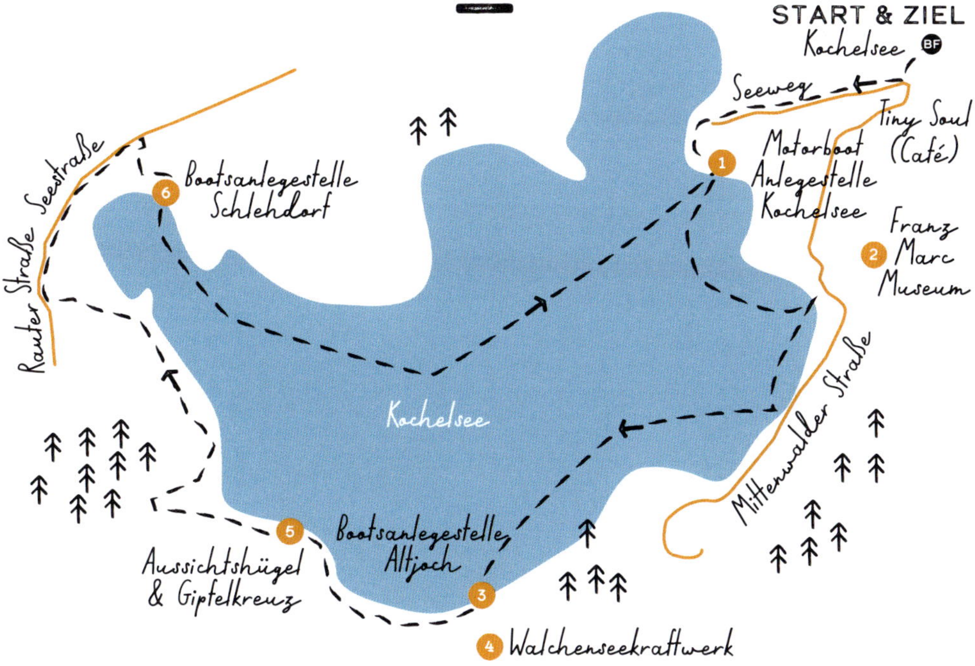

START & ZIEL
Kochelsee BF
Seeweg
Tiny Soul (Café)
1 Motorboot Anlegestelle Kochelsee
2 Franz Marc Museum
Mittenwalder Straße
Kochelsee
3 Bootsanlegestelle Altjoch
4 Walchenseekraftwerk
5 Aussichtshügel & Gipfelkreuz
6 Bootsanlegestelle Schlehdorf
Seestraße
Rauter Straße

START UND ZIEL
Kochel am See Bahnhof

DISTANZ
4 km zu Fuß, 5 km mit dem Schiff

DAUER ca. 3 Std.

ANFAHRT Regionalbahn Kochel am See

MITNEHMEN Im Sommer Badesachen

Tiefe Atemzüge sind wie kleine Liebesgrüße an deinen Körper.

Ein Ausflug zum Kochelsee fühlt sich für gestresste Großstädter wie ein Kurzurlaub an. Seine wunderschöne Lage, der Blick vom Schiff auf die Münchner Hausberge Herzogstand und Heimgarten am südlichen Ufer und die weitläufige Moorlandschaft im Norden sorgen für Urlaubsfeeling in Reinform.

VON KOCHEL ZUM FRANZ MARC MUSEUM

Vom Bahnhof Kochel am See geht es zunächst auf der Bahnhofstraße nach Westen, gleich nach einem Fahrradgeschäft biegen Sie links ein. Überqueren Sie nach wenigen Metern die Mittenwalder Straße und laufen geradeaus in die Hanersimmergasse. Dieser Gasse folgen, der Weg wird bald zum Seeweg, und wie sein Name schon andeutet, führt er zum Ufer des Kochelsees. Hier bietet sich die erste Gelegenheit für einen »Bankerlmoment«. Wasserratten haben obendrein die Möglichkeit, einen Sprung ins kühle Nass zu tun oder sie saugen alternativ mit den Augen den weiten Blick über den See auf. Danach geht es weiter, dem Seeweg in Richtung Süden folgend, vorbei an der **KRISTALL THERME TRIMINI**, und wenige Minuten später ist die 1 BOOTSANLEGESTELLE am Kochelsee erreicht.

Das Schiff fährt am **OSTUFER** entlang. An der Anlegestelle 2 FRANZ MARC MUSEUM besteht die Möglichkeit auszusteigen, dem modernen Gebäudekomplex oberhalb des Sees einen Besuch abzustatten und einzutauchen in die expressionistische Welt des Malers **FRANZ MARC**. Der Künstler bezeichnete Kochel und Umgebung, wo die meisten seiner Gemälde entstanden, als seinen »Schicksalsort«. Was lag da näher, als dem »Blauen Reiter« ein eigenes Museum zu widmen.

VON ALTJOCH ZUM WALCHENSEE-KRAFTWERK

Wieder zurück am See wird der Weg auf dem Wasser fortgesetzt. Ziel: die übernächste 3 ANLEGESTELLE ALTJOCH. Nach dem Ausstieg rechts halten und dem malerischen **FELSENWEG** Richtung Schlehdorf folgen. Dieser führt zunächst durch ein Wäldchen, dann über Wiesen und eine kleine Brücke, bevor er auf Höhe Jochbach wieder in den Wald einmündet. Am Trampelpfad, beim Gang über die Wiese, fallen linkerhand gewaltige **ROHRLEITUNGEN** auf, die am Bergrücken entlang nach oben führen. Wer an Technik interessiert ist, kann das eindrucksvolle 4 WALCHENSEEKRAFTWERK besichtigen – die stolze »Wiege« der bayerischen Stromerzeugung. Von dort stürzt das Wasser des Walchensees über 400 m lange Rohrleitungen zu den Turbinen in das 200 m tiefer gelegene Maschinenhaus am Kochelsee.

BOOTSANLEGER SCHLEHDORF, IM HINTERGRUND DER HERZOGSTAND

ATEMÜBUNG

Suchen Sie einen Platz und setzen sich entspannt hin. Rücken gerade halten, damit der Atem tief und gleichmäßig fließen kann. Schließen Sie nun Ihre Augen und atmen tief ein, dabei langsam bis vier zählen. Dann den Atem anhalten und bis vier zählen. Bei der Ausatmung bis sechs zählen. Halten Sie die Luft wieder an, während Sie bis vier gezählt haben. Nun wieder mit der Einatmung auf vier Zählungen beginnen. Wiederholen Sie diese Abfolge über sechs Runden, oder stellen Sie einen Timer auf 2 Min. Lassen Sie die Augen nach der Übung noch einen Moment geschlossen. Entspannen Sie Ihren Atem und spüren noch ein paar Augenblicke nach. Jetzt öffnen Sie die Augen, atmen noch einmal tief ein und aus und genießen dieses entspannende Gefühl, das Sie überkommt.

Kein Geringerer als der deutsche Bauingenieur und Wasserkraftpionier Oskar von Miller, der auch das Deutsche Museum in München begründete, war es, der hier seinen Lebenstraum - die Elektrifizierung Bayerns - mit dem Bau des Kraftwerks Walchensee realisierte, um das enorme Energiepotenzial der Wasserkraft gewinnbringend zu nutzen. Als das Speicherkraftwerk 1924 in Betrieb ging, konnte es sich rühmen, das größte der Welt zu sein. Seit 1983 ist es ein geschütztes Industriedenkmal, aber mit jährlich ca. 300 Mio. Kilowattstunden nach wie vor ein Gigant in Sachen Stromerzeugung.

VON JOCHBACH ZUM WALDPFAD

Wieder zurück an der kleinen Brücke auf Höhe **JOCHBACH** setzen wir unseren Weg fort, am Hochufer entlang. Der See schimmert mal türkis, mal dunkelblau durch den lichten Mischwald. Nach etwa 20 Min. kommen wir an einem 5 **AUSSICHTSHÜGEL MIT GIPFELKREUZ** vorbei, den wir besteigen können. Der kurze, felsige Weg ist drahtseilgesichert und die einzige Passage, die etwas mehr Trittsicherheit erfordert. Oben beim Kreuz, mit brillanten Tiefblicken auf den tiefblauen Kochelsee, kommen Gipfelgefühle auf. (Die Passage zum Gipfelkreuz muss nicht zwingend bewältigt werden!) Der Weg führt am Waldpfad entlang weiter. Fast am Ende des Felsenwegs angekommen, laden immer wieder große Steine und Baumstümpfe zum Verweilen ein. Zeit, um innezuhalten und richtig durchzuatmen.

Mal ganz ehrlich: Im Alltag macht man sich selten Gedanken über die Atmung. Der Atem kommt und geht fast automatisch. Dabei gibt das richtige Atmen unserem ganzen Körper wertvolle Impulse. Beispiel Nasenatmung: Diese hat viele Vorteile gegenüber der Atmung durch den Mund. Zum einen reinigt diese, befeuchtet und wärmt noch dazu die Atemluft - das schützt unsere Lunge. Zum anderen verbessert die Nasenatmung die Sauerstoffversorgung des Körpers um rund 10 %. Grund dafür ist das Stickstoffmonoxid, das in den Nasennebenhöhlen gebildet wird. Dieses fördert die

BOTE DES SPÄTSOMMERS: HERBSTZEITLOSE

EIN STÜCK UNTERM GIPFELKREUZ

Durchblutung der Lungenbläschen, der Körper kann mehr Sauerstoff aufnehmen. Das wiederum führt dazu, dass man sich wacher und leistungsfähiger fühlt. Ein skandinavisches Sprichwort sagt: »Tiefe Atemzüge sind wie kleine Liebesgrüße an deinen Körper.«

FELSENWEG BIS SCHLEHDORF UND ZURÜCK NACH KOCHEL

Setzen Sie nun den Spaziergang fort. Der Weg gabelt sich. Rechts würde es über eine kleine **HOLZBRÜCKE** gehen. Halten Sie sich links und bleiben für ein paar Minuten auf dem Pfad, der noch ein Stück durch den Wald führt. Sobald Sie den Wald hinter sich gelassen haben, öffnet sich vor Ihnen eine weite lichte Wiesenlandschaft. Folgen Sie rechts dem Forstweg zum See und biegen an seinem Ende links ab. Auf diesem Uferweg, der Sie nach Norden bringt, bleiben. Zwischen See und Wiesen geht es vorbei an dem ein oder anderen Wohnhaus mit liebevoll gepflegten Gärten im Ortsteil **RAUT**.

Auf Höhe des Holzplatzes zweigt ein unauffälliger Pfad zum See ab. Liegewiese und Badesteg laden zu einer erfrischenden **BADEPAUSE** ein. Seerosen am Uferbereich bilden eine romantische Fotokulisse.

Nach dem Zwischenstopp an oder im See folgen Sie der Rauter Straße. Sie wird zur Seestraße, ehe das **KLOSTERBRÄU IN SCHLEHDORF** erreicht ist. Ein guter Platz für eine Einkehr. Am Parkplatz des Gasthauses weisen Schilder zur 6 BOOTSANLEGESTELLE SCHLEHDORF. Folgen Sie der Beschilderung durchs Moor zum See. Dort bringt Sie das Schiff in etwa 25 Min. wieder zurück nach Kochel. Genießen Sie beim Blick in Fahrtrichtung das herrliche Panorama der **MÜNCHNER HAUSBERGE** mit Heimgarten, Herzogstand und Jochberg, die sich im See spiegeln. Gehen Sie in Kochel am See (Trimini) wieder von Bord und nehmen den Weg nach links, zurück zum Bahnhof.

Gestatten Sie sich kurz vor dem Bahnhof noch einen Einkehrschwung im **TINY SOUL**, einem Mix aus Café und Deli, das in einer ehemaligen Schmiede untergebracht ist. Es verwöhnt seine Gäste mit »Soulfood« – veganen und vegetarischen Leckerbissen.

WEITERE INFOS:

MOTORSCHIFFAHRT KOCHELSEE
Vom 1. Juni–30. Sept. täglich Rundfahrten auf dem See (außer bei Unwetter)
→ www.motorschifffahrt-kochelsee.de
→ www.franz-marc-museum.de

UNTERWEGS ZUM VOGELLEHRPFAD

WALDWELLNESS MIT VOGELGEZWITSCHER

VOGELLEHRPFAD, KOCHEL AM SEE

Wer an der heimischen Vogelwelt interessiert ist, wird seine helle Freude an diesem Ausflug zum Lainbachsteg haben. Und lernt neben den gefiederten Freunden auch eine Vielzahl anderer Waldbewohner kennen.

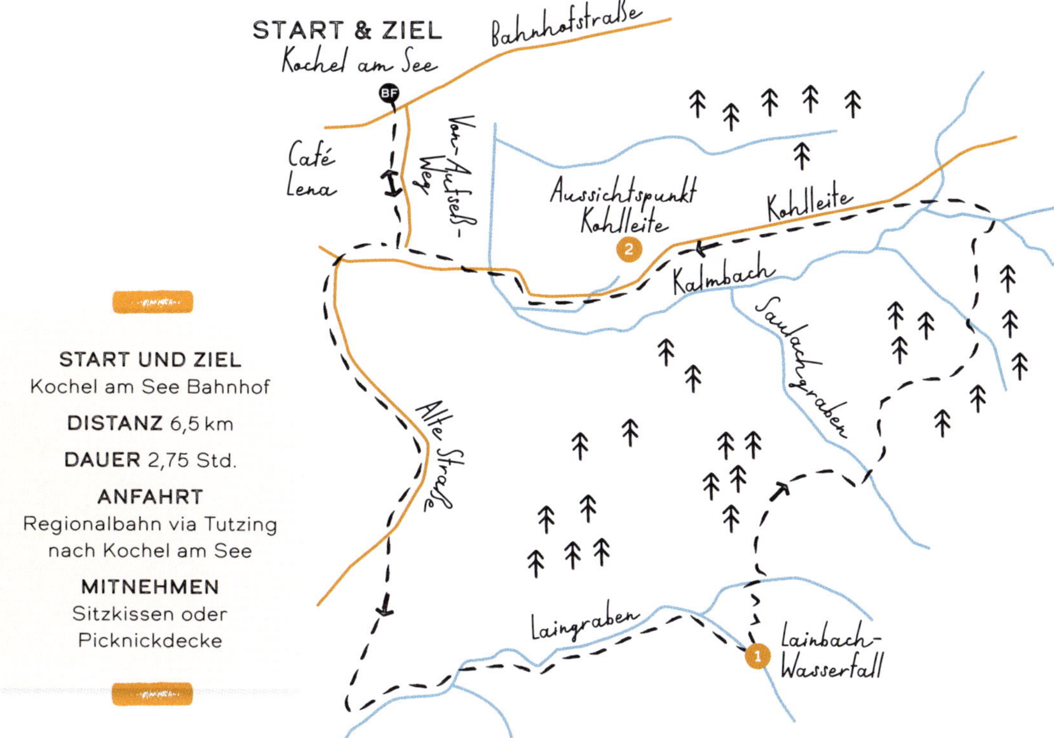

START UND ZIEL
Kochel am See Bahnhof

DISTANZ 6,5 km

DAUER 2,75 Std.

ANFAHRT
Regionalbahn via Tutzing nach Kochel am See

MITNEHMEN
Sitzkissen oder Picknickdecke

Freuen Sie sich auf eine Ruheinsel mit grüner Moosdecke und Blick in den lichten Bergwald. Neben plätschernden Bächlein, tosendem Wasserfall und Almwiese kommen Sie in den Genuss von reiner Waldluft. Hier können Sie den Alltag hinter sich lassen und zur Ruhe kommen. Und lernen ganz nebenbei den Gesang von Buchfink, Dompfaff und Rotkehlchen zu unterscheiden.

Genießen Sie die Helligkeit und das heitere Grün der Wiese.

VOM BAHNHOF ZUM SAULACHGRABEN

Spazieren Sie auf der Bahnhofstraße nach Westen und biegen gleich nach dem Fahrradgeschäft links ab. Zwischen alten Häusern und Höfen gehen Sie bis zum Ende der Straße und halten sich dann links. Am Hotel Postillion vorbei in die Kambachstraße abbiegen und bis zur Linde in der Mitte der Straße, gegenüber dem Rathaus. Von dort rechts weiter in die Alte Straße, leicht bergan am Spielplatz vorbei und danach links zur Straße »Am Sonnenstein«. Diese führt Sie gut 400 m bis an den Waldrand und wird in einer Linkskurve zum Forstweg. Nach ein paar Schritten aufwärts teilt sich der Weg an einer kleinen **STEINBRÜCKE**. Sie gehen links geradeaus weiter und treffen auf das erste Hinweisschild zum **VOGELLEHRPFAD**. Auf Tafeln am Wegrand stellt der Lehrpfad 14 heimische Waldvögel vor. Von B wie Buntspecht über K wie Kleiber bis Z wie Zaunkönig können Sie mithilfe des QR-Codes auch die Vogelstimmen identifizieren.

Spazieren Sie den Lehrpfad entlang, der bald über eine Brücke näher an den **LAINGRABEN** heranführt. Im wahrsten Sinne des Wortes geht es hier über Stock und Stein, im Auf und Ab den Bach entlang, bis nach 700 m der **1 LAINBACH-WASSERFALL** erreicht ist. Sie können das Tosen des Wassers schon von Weitem hören. Von hier an führt der Weg im Zickzack über Holzstufen nach oben, dabei überqueren Sie immer wieder kleine Brücken und gelangen schließlich zu einer weiten, ebenen Waldfläche. An einer Art Knotenpunkt, an dem Wege aus unterschiedlichen Richtungen zusammenführen, bietet sich die Möglichkeit, weiter dem Vogellehrpfad nach links (Richtung Kochel am See) zu folgen. So erreichen Sie in gut 1,7 km wieder den Bahnhof. Alternativ genießen Sie weiter Ihren Wellnesstag im Wald, kommen (Richtung Kohlleite) an Holz-Tipis vorbei und passieren die Brücke am **SAULACHGRABEN**. Noch einmal geht es über Stufen bergauf, und am Ende empfängt Sie ein von Moos bedeckter, lichter Wald. Ein

VOGELLEHRPFAD, KOCHEL AM SEE

MIT WALDBEWOHNERN AUF TUCHFÜHLUNG

WALDSCHNUPPERN

Wenn Sie ohnehin dem Waldboden so nah sind, legen Sie sich gerne auf den Bauch und beschnuppern die Erde vor Ihnen. Sie haben richtig gelesen. Riechen Sie doch mal den Waldboden! Schließen Sie dabei am besten die Augen und atmen tief ein. Woran erinnert Sie der Geruch? Was können Sie spontan benennen? Wie würden Sie das Waldaroma beschreiben? Welche Assoziationen verbinden Sie mit diesem Geruch? Steigen dabei Gefühle in Ihnen auf? Tauschen Sie sich nach einer Weile des Riechens mit Ihrer Begleitung darüber aus. Haben Sie die gleiche Wahrnehmung? Gibt es Überschneidungen? Seien Sie gespannt auf den Dialog und erleben den Wald auf diese Weise ganz neu.

DIE HEIMISCHE VOGELWELT KENNENLERNEN

idealer Fleck, um sich auf dem weich gepolsterten Waldboden niederzulassen.

VOM SAULBACHGRABEN ZUR BANK AM WALDRAND

Spazieren Sie gemächlich weiter. Lauschen Sie dem Gesang der Vögel, dem leisen Rascheln der Blätter im Wind und kommen dann an eine weitere Kreuzung. Hier nehmen Sie den Pfad links bergab, der bald eine Rechtskurve beschreibt. An der nächsten Gabelung rechts, und nach wenigen Schritten überqueren Sie den **KALMBACH**. In den Sommermonaten ist der Bach an dieser Stelle meist seicht, und Sie kommen leicht trockenen Fußes ans andere Ufer. Nach Regenfällen kann das Wasser schon mal etwas höher sein. Waten Sie barfuß durch den Bach, und freuen Sie sich auf das Kribbeln und Prickeln in Ihren Füßen danach. Auf der anderen Seite angekommen, erwartet Sie zur Rechten eine Bank, die mit Blick in den Wald zum Verweilen einlädt. Setzen Sie sich und machen eine kleine Übung (s. S. 155).

VON DER ALMWIESE ZUR KOHLLEITE

Es geht weiter, links, dem Bachlauf folgend. Der Weg wird wieder etwas breiter und kommt aus dem Wald heraus auf eine weite, lichte Almwiese. Bleiben Sie erst einmal stehen und genießen die Helligkeit und das heitere Grün der Wiese. Der breite Forstweg geht links zunächst ein wenig, danach etwas steiler bergab. Nach etwa 300 m zweigt

UNTERWEGS ZUR KOHLLEITE

rechts ein Weg ab, der zum 2 AUSSICHTSPUNKT KOHLLEITE führt. Ein reizvoller Abstecher lädt zu einer Bank unter Kastanien mit herrlichem Panoramablick ein. Nach diesem kurzen Halt geht es zurück zum Hauptweg; nehmen Sie nach dem Weiderost die erste Möglichkeit rechts, nach ca. 150 m noch einmal rechts, dort verläuft ein schmaler Fußpfad über die Wiese. Von da ist es nicht mehr weit bis zum Bahnhof.

Schräg vis-à-vis dem Bahnhof lädt das gemütliche **CAFÉ LENA** zu einer Tasse Kaffee oder Tee und einem Stück Kuchen oder Torte aus Meisterhand ein. Und das alles gemäß dem Motto des französischen Adeligen und Literaten François IV. Duc de La Rochefoucauld: »Essen ist ein Bedürfnis, Genießen ist eine Kunst.« Bei schönem Wetter lassen sich hier nicht nur regionale Leckereien, sondern im Garten auch ein herrliches Ambiente mit Bergblick genießen. Letzteres gratis und ohnehin unbezahlbar!

ICH SEHE WAS, WAS DU NICHT SIEHST

Wenn Sie zu zweit oder zu mehreren unterwegs sind, dann setzen Sie sich nebeneinander auf eine Bank, sodass alle in die gleiche Richtung schauen.

Nehmen Sie sich Zeit, um in Ruhe Ihr Blickfeld zu erkunden. Welche Besonderheiten fallen Ihnen auf? Nach einer vorher verabredeten Dauer des Erkundens treten Sie miteinander in den Dialog. Wer hat was wahrgenommen? Klar, dass unterschiedliche Beobachtungen dabei herauskommen. Aber: Gleichzeitig sind alle Wahrnehmungen richtig. Dem einen fällt ein quer hängender Ast auf, dem anderen ein moosbedeckter Stamm. Beides ist wahr. Und dennoch hat jeder eine andere Präsenz in seinem Blickfeld.

Übertragen Sie dieses Erlebnis in Ihren Alltag. Wie häufig blicken wir in der Familie, im Freundes- oder im Kollegenkreis in eine Richtung und haben zugleich eine unterschiedliche Sichtweise. Für jeden Menschen sind unterschiedliche Dinge präsent, und Angelegenheiten haben eine andere Priorität. Erinnern Sie sich bei nächster Gelegenheit an diesen Tag im Wald und versuchen, mehr Verständnis und Toleranz für eine andere Perspektive zu entwickeln.

KUHFLUCHTWASSERFÄLLE BEI FARCHANT

NICHTS ALS WALD, WASSER UND WIESEN

ERLEBNISPARK KUHFLUCHT, FARCHANT

Im Natur- und Erholungspark Kuhflucht werden Alltagsgeräusche verdrängt von Vogelgezwitscher und dem Zirpen der Insekten, dem munteren Rauschen des Baches und der beinahe andächtigen Stille im Auenwald.

START UND ZIEL
Farchant Bahnhof

DISTANZ 5,8 km

DAUER 1 bis mehrere Std.

HÖHENUNTERSCHIED
bis zu 140 m

ANFAHRT
Regionalbahn Farchant

MITNEHMEN
Ein kleines Handtuch

START & ZIEL
Farchant
BF
Bahnhofstraße
Mühldörflstr.
Loisach
Frickenstraße
Esterbergstraße
1 Sportzentrum Föhrenheide
Kuhfluchtgraben
Tunnel Farchant
2 Moderne Holzbänke
3 Kneippanlage
4 Aussichtspunkt
Walderlebnispfad
6 Spielplatz Walderlebniszentrum
5 Bankerl/ Brotzeitplatz

»Wem seine Gesundheit lieb und teuer ist, biete das Mögliche auf, in reiner Luft seine Zeit zu verbringen.«
Sebastian Kneipp

Drei Wasserfälle gehören zur Gruppe der Kuhfluchtwasserfälle, denen auch der Erlebnispark seinen Namen verdankt. Obwohl die Kaskaden zu den größten in Deutschland zählen – ihr Wasser ergießt sich rund 270 m über drei Fallstufen – sind sie keineswegs vielen Menschen bekannt. Auch mit fliehenden Kühen haben sie nichts am Hut, der Begriff rührt stattdessen vom lateinischen »conflictum« her, was »zusammenfließen« bedeutet, in diesem Fall des Kuhfluchtgrabens mit der Loisach. Höchste Zeit, diesem reizvollen Erlebnispark seine Aufwartung zu machen.

VOM BAHNHOF FARCHANT ZUM AUENWALD

Haben Sie den Bahnhof Farchant verlassen, überqueren Sie die Gleise und laufen Richtung Wald. Nach wenigen Metern geht es über die **LOISACHBRÜCKE**. Danach gleich links in die Frickenstraße einbiegen und ihr bis zum ❶ **SPORTZENTRUM FÖHRENHEIDE** folgen, das sich zu Ihrer Linken befindet. Hier geht es nach rechts über das Viehgatter in den Natur- und Erlebnispark Kuhflucht.

Ein Kiesweg bringt Sie über die Almwiese am Bachbett entlang in Richtung Wasserfälle. Wenn der Bach genug Wasser führt, bietet sich auch eine Bachwanderung an. Im Sommer, wenn es trocken ist, lassen sich die großen Steine gut als Sitzfläche nutzen. Erfreuen Sie sich an der Stille, die allenfalls von Vogelgezwitscher oder anderen Naturgeräuschen unterbrochen wird.

Nach einer Weile gelangen Sie an eine Weggabelung. Eine neu gebaute, moderne ❷ **HOLZKONSTRUKTION** lädt mit bequemen und überdachten Sitzflächen mit Blick in den Auenwald zum Verweilen ein. Wieder einmal ein Anlass zum Innehalten.

VON DER KNEIPPANLAGE ZUM BROTZEITBANKERL

Es geht weiter, und schon nach wenigen Metern kommen wir an einer ❸ **KNEIPPANLAGE** vorbei. Wir heben uns die Erfrischung für den Rückweg auf und gehen den Weg weiter geradeaus Richtung Wasserfälle. Der Kiesweg führt bergan, neben uns rauscht nun das Wasser gen Tal und begleitet uns auf unserer Wanderung nach oben. Weiter bergan überqueren wir den Wasserfall über eine Brücke und steigen nun Stiege für Stiege weiter hoch. Lenken

DIE KNEIPPANLAGE

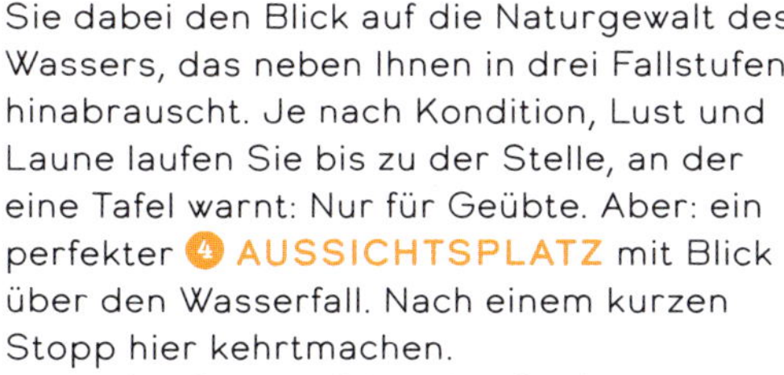

Sie dabei den Blick auf die Naturgewalt des Wassers, das neben Ihnen in drei Fallstufen hinabrauscht. Je nach Kondition, Lust und Laune laufen Sie bis zu der Stelle, an der eine Tafel warnt: Nur für Geübte. Aber: ein perfekter ④ AUSSICHTSPLATZ mit Blick über den Wasserfall. Nach einem kurzen Stopp hier kehrtmachen.

Laufen Sie den Weg, den Sie hochgegangen sind, zurück und nehmen ihn nun aus einer anderen Perspektive wahr. Nach der Brücke über die Wasserfälle führt ein Pfad links hoch. Diesem folgen Sie bis zu einem überdachten ⑤ BANKERL, auf dem Sie sich Ihre mitgebrachte Brotzeit schmecken lassen können. Frisch gestärkt geht es nun wieder Richtung Tal. An der Kneippanlage wird erneut ein Halt eingelegt. Genießen Sie das erfrischende Wasser an Füßen, Beinen und Armen.

Beim Namen **KNEIPP** denken die meisten Mitmenschen zunächst einmal an kaltes Wasser. Doch die wenigsten wissen, dass sich Sebastian Kneipp (1821-1897) einst mit winterlichen Bädern in der eiskalten Donau

SINNES-WAHRNEHMUNG

Nehmen Sie einen bequemen Platz ein (sitzend oder stehend) und stellen beide Beine parallel auf, sodass auch die Füße vollen Kontakt zum Boden haben. Beginnen Sie mit dem Sinn, der in der Regel am ausgeprägtesten ist: dem Sehen.

Die Augen sind geöffnet, und der Blick geht geradeaus in den Wald. Dabei müssen Sie nicht unbedingt einen Punkt fixieren. Lassen Sie den Blick wachsam in der Umgebung umherwandern und nehmen alle Eindrücke ringsherum auf. Welche Grüntöne bietet der Wald, die unterschiedlichen Bäume und Sträucher, die sich stufenartig zu einem Wald anordnen, vielleicht können Sie Vögel oder einen Hasen beobachten. Gönnen Sie sich hier, ganz ohne Eile, einen »grünen Augenschmaus«.

MIT DER NATUR IM EINKLANG

BALD SIND DIE BEEREN REIF …

selbst von einer Tuberkulose geheilt hat. So kommt es, dass der Webersohn, der Theologie und Philosophie studiert, seine Behandlungen mit Wasser zunächst an seinen Kommilitonen anwendet. Seine Erfolge als »Wasserdoktor« rufen natürlich Neider auf den Plan, und als Kneipp eine an der Cholera erkrankte Magd mit heißen Wickeln behandelt, wird er wegen »Kurpfuscherei« angezeigt, dem ein sogenanntes Kurierverbot folgt. Doch in ganz Bayern ist inzwischen die Cholera ausgebrochen – Kneipps Vater gehört zu den ersten Todesopfern –, und der spätere Priester macht ungeachtet des Verbots unermüdlich weiter. Gegen Ende des 19. Jh. verfasst Kneipp sein erstes Buch: »Meine Wasserkur«. Dadurch werden immer mehr Menschen auf seine Therapie aufmerksam. Auf seinen Reisen durch ganz Europa kuriert er Patienten aus allen Gesellschaftsschichten, darunter Kronprinz Rupprecht von Bayern, Papst Leo XIII. und Erzherzog Joseph von Österreich. Sein Alterswerk »Mein Testament für Gesunde und Kranke« erreicht eine Millionenauflage. Und seine Empfehlungen zu Wasserbädern in Kombination mit Pflanzen- und Ernährungsanweisungen werden heute noch erfolgreich befolgt. Kneipps Devise, »Wem seine Gesundheit lieb und teuer ist, biete das Mögliche auf, in reiner Luft seine Zeit zu verbringen«, ist aktueller denn je.

VOM WALDERLEBNISPFAD NACH FARCHANT

Frei von allen Alltagsgedanken machen Sie sich wieder auf den Weg, halten sich links und folgen dem Walderlebnispfad. Spannende Spiel- und Ratetafeln laden unterwegs Groß und Klein ein, ihr Naturwissen zu testen. Beim Dahinspazieren dürfen Sie gern einmal die Zeit vergessen. Der Weg führt über malerisches Alm- und Auengelände und beglückt mit Blick auf die Bergwelt. Zu beiden Seiten des Weges laden immer wieder stille Plätze zum Ausruhen ein.

Derart beseelt flanieren Sie dahin, naschen - saisonbedingt - am Wegrand reife Brombeeren, bevor Sie zum Ende des Walderlebnispfades kommen. Hier wartet auf kleine Mitwanderer ein naturnaher 6 SPIELPLATZ zum Austoben. Genießen Sie die Verweilpause derweil auf einer der Holzschwungliegen und spüren dort der Wanderung nach.

Zum Bahnhof gelangen Sie über die Esterbergstraße, in die Sie nach dem Natur- und Erlebnispark rechts einbiegen. Diese verläuft eine Weile entlang dem idyllischen Dörfchen **FARCHANT**, es geht vorbei an sorgsam gepflegten Gärten und liebevoll gestalteten Häuserfassaden, bis man wieder an der Loisachbrücke angelangt ist. Diese links überqueren, und nach wenigen Metern ist der Bahnhof Farchant erreicht.

WAS IST MEDITATION?

Bei der Meditation handelt es sich um eine Anwendung, die schon seit Jahrhunderten von Menschen aller Religionen und Kulturkreise praktiziert wird. Seit dem 20. Jh. ist diese Methode auch in der westlichen Welt populär. Vereinfacht gesagt gibt es zwei Arten von Meditationstechniken: die körperlich passive Meditation, die im stillen Sitzen ausgeübt wird, und die körperlich aktive Variante. Dazu gehören langsame Bewegungen, bedachtes Handeln oder auch lautes Rezitieren. Beide Formen beziehen sich lediglich auf die äußere Form. Und beide sind in der geistigen Form entweder mit einer aktiven Aufmerksamkeitslenkung durchführbar oder mit passivem Loslassen. Im allgemeinen Sprachgebrauch ist mit Meditation vorwiegend die passive Form – auf vielen Abbildungen von einem mit gekreuzten Beinen sitzenden Buddha symbolisiert – gemeint. Diese wird jedoch von vielen Menschen als unbequem, häufig sogar als schmerzhaft empfunden und ist auch nicht zwingend erforderlich. Im Grunde geht es bei einer Meditation darum, wiederkehrende, oft belastende Gedanken loszulassen, um dadurch mehr Gelassenheit und innere Ruhe zu erlangen. Dabei helfen Atemtechniken und Achtsamkeitsübungen. Probieren Sie es einfach aus. Ganz spielerisch und ohne Erfolgszwang.

UMARMUNG DER NATUR: EIBE VON EFEU UMSCHLUNGEN

ZAUBER UND MYSTIK IM EIBENWALD

EIBENWALD PATERZELL

Zeit im Wald zu verbringen bedeutet Genuss und Erholung zugleich. Wald begeistert, überrascht, besänftigt, lehrt Weisheit und Demut. Und raunt dem Besucher seine ewigen Geheimnisse zu.

START & ZIEL
Parkplatz Wanderer Eibenwald
P
Holzsteg
1
Beihertgraben
Peißenberger Straße
3
Eiben-Zirkel
Landgasthof Zum Eibenwald
Gut Moosmühle
2

START UND ZIEL
Parkplatz Wanderer Eibenwald

DISTANZ ca. 3 km

DAUER ca. 1–2 Std.

ANFAHRT
Regionalbahn Weilheim, dann Bus 9652 Zellsee/Paterzell; mit dem Auto bis Parkplatz Wanderer Eibenwald

Sonnenstrahlen blitzen durch die herabhängenden Eibenäste, streicheln und wärmen das Gesicht.

Gleich vorweg gesagt, der Eibenwald in Paterzell besteht nicht ausnahmslos aus Eiben. Er beherbergt auch andere Arten wie Buchen, Fichten, Kiefern und Ahorn. Kurzum, ein gesunder Mischwald mit einem hohen Eibenanteil: Mehr als 2000 ältere Eiben machen ihn unter Deutschlands Wäldern jedoch einzigartig. 1939 wurde dieser Wald unter **NATURSCHUTZ** gestellt und gilt seither als eines der ältesten Naturschutzgebiete im Land. Als einer der Pioniere des Paterzeller Eibenwalds gilt der Weilheimer Arzt Fritz Kollmann (1871–1957), auf dessen Initiative dem Eibenwald bereits im Jahr 1913 der Status eines »Staatlichen Naturdenkmals« beschieden wurde.

VOM PARKPLATZ ZUM HOLZSTEG

An den Parkplätzen stellen die Bayerischen Staatsforsten Faltblätter zur Verfügung, mit denen Sie Ihr Wissen an den zehn Stationen vertiefen können. Und dann geht es auch schon los. Folgen Sie den Schildern »Paterzeller Eibenwald«, die Sie zu einem Rundweg durch eine »Schatztruhe der Natur« einladen. Schon nach den ersten Schritten begegnen Sie einigen jungen Eiben am Wegesrand. Ein paar Stufen führen rechts nach unten, es geht weiter durch den Wald, und schon kommt man an den ersten hochgewachsenen Exemplaren vorbei. Der Pfad schlängelt sich vorbei an alten, knorrigen Eibenstämmen. An einer Weggabelung folgen Sie dem Schild »Rundweg« nach links. Bald darauf taucht die erste von zehn **KLAPPTAFELN** auf, auf denen man allerlei Interessantes über diese selten gewordene Baumart und ihren Lebensraum erfährt. Da gibt es u. a. eine Eibe mit Spechtringen, eine andere wiederum ist so zählebig, dass sie sogar mit einer Stammspaltung überlebt.

Der Weg ist abwechslungsreich, man kommt an einen **1 HOLZSTEG**, der am Bach entlang ein Stück durch den Wald führt. Sonnenstrahlen blitzen durch die herabhängenden Eibenäste, streicheln und wärmen das Gesicht. Nehmen Sie das Plätschern und leise Rauschen des Wassers wahr. Fischlein huschen im Bach herum. Eine gute Gelegenheit, sich der frischen Waldluft bewusst zu werden. Richten Sie Ihr Augenmerk auch auf die Wurzelausläufer der Bäume, die sich über den Weg legen. An einer T-Kreuzung ließe sich der Rundweg abkürzen, Sie bleiben jedoch auf dem Weg und tauchen tiefer in den Wald hinein. Links und rechts am Wegesrand fallen vereinzelt Wasserstellen auf. Das Wasser glitzert in

EIBENWALD PATERZELL

MOOS BEDECKT DEN BAUMSTUMPF IM EIBENWALD

NATURWISSEN

DIE EIBE

Die Europäische Eibe ist die älteste einheimische Baumart Europas und wuchs hier schon vor etwa 150 Mio. Jahren. Inzwischen ist sie eine Rarität, was damit zu tun hat, dass fast alle ihre Pflanzenteile giftig sind. Auch durch intensive Waldnutzung ist der Bestand an Eiben stark zurückgegangen, daher steht sie vielerorts unter Naturschutz. Die Eibe gehört zu den Taxus-Arten, entlehnt von den griechischen Begriffen »toxon« (Bogen) und »toxikon« (Gift). Taxane, aus den Nadeln der Eibe hergestellt, gewinnen als Stoffgruppe mit zytostatischer Wirkung in der Krebstherapie zunehmend an Bedeutung. Altersmäßig ist die Eibe eine Art Methusalem. Sie kann mehr als 1000 Jahre alt werden, erreicht aber nur eine Wuchshöhe von max. 20 m. Ihr Holz ist langlebig, widerstandsfähig und biegsam. Vermutlich der Grund, warum schon Alemannen und Wikinger Bogenwaffen aus Eibenholz fertigten.

den kleinen Biotopen, an warmen Sommertagen wuselt es hier nur so vor Insekten. Insbesondere die Libellen mit ihren durchscheinenden Flügeln und ihrem flatterhaften Tanz setzen sich in Szene. Holzbänke und kleine, vom Pfad abgehende Wegarme führen immer wieder zu Lichtungen und moosbedeckten Plätzen, die sich gut für eine Auszeit eignen.

VOM HOLZSTEG ZUM EIBENKREIS

Aus diesem Idyll kommend gelangt man erneut an eine T-Kreuzung und an einen breiten Rad- und Fußweg. Folgen Sie ihm nach rechts, der Sonne entgegen. Bäume und Sträucher geben hier und da die Aussicht nach links frei und ermöglichen einen **PANORAMABLICK** in die Alpen. An der nächsten Weggabelung führt der Rundweg geradeaus in den Wald hinein. Nach links geht es aus dem Wald hinaus, wo der Forstweg Sie zum **2 GUT MOOSMÜHLE** bringt. Ein kleiner, feiner **HOFLADEN** bietet an 365 Tagen im Jahr warme und kalte Getränke zum Mitnehmen und auch zum Verzehr vor Ort an. Ein weiterer schöner Platz für eine Einkehr ist der einen halben Kilometer entfernte **LANDGASTHOF ZUM EIBENWALD** (www.landgasthof-eibenwald.de).

Nach dieser kleinen Rast geht es zurück in den Eibenwald, wo der Rundweg – nun nach links abgehend – fortgesetzt wird. Der Pfad führt immer wieder über kleine Ausläufer des Mühlbachs, an denen Schachtelhalm und Schilf auf den feuchten Boden hinweisen. Es geht weiter auf dem Waldpfad und linkerhand gelangen Sie zu einem fast magischen **3 EIBEN-ZIRKEL**. Eine geheime Kraft, der man sich nur schwer entziehen kann, fordert dazu auf, in den Eibenkreis einzutreten. In der Mitte hat sich eine Fichte angesiedelt, an die sich eine Eibe schmiegt. Kaum zu glauben, dass beide Bäume gleich alt sind. Dem Stammumfang

SPECHTRINGE IM EIBENSTAMM

NATURWISSEN

DIE EIBE – EIN BAUM VOLLER MAGIE

Schon bei den Germanen und Kelten wurde die Eibe als heiliger Baum verehrt. Seit dem Altertum gilt sie als »Baum des Todes« und ist deshalb oft auf Friedhöfen zu finden. Auch Zauberkräfte sagte man ihr nach, sie wurde daher gern als Schutz vor Hexen und bösen Geistern ums Haus herumgepflanzt. Äste und Zweige von Eiben kamen auch als Zauberstab oder Wünschelrute zum Einsatz. Bei früheren Kulturen galt die Eibe auch als »Baum der Wiedergeburt« und des Lebens nach dem Tod. So glaubten beispielsweise die Kelten, dass die Eibe ein Wächter zwischen der Welt der Toten und Lebenden sei. Auch heilige Plätze, auf denen religiöse Kulthandlungen zelebriert oder Urteile gefällt wurden, waren von Eiben gesäumt. Da seit einigen Jahren aus den Nadeln der Europäischen Eibe ein Medikament hergestellt (synthetisiert) werden kann (s. S. 165), mutiert die Eibe – wie auch schon in früheren Zeiten und Kulturen – wieder zum »Lebensbaum«. Ein Kreislauf, der sich schließt ...

nach stehen die beiden nun schon etwa 260 Jahre Seite an Seite.

Folgen Sie weiter dem Pfad entlang. An einer Wegkreuzung, an der rechts eine Eibe mit markant dickem Stamm wacht, gehen Sie geradeaus und folgen dem Rundweg bis zum Ausgangspunkt. Machen Sie sich auf den letzten Metern zum Parkplatz diesen wunderbar ruhigen und einzigartigen Ort bewusst. Atmen Sie noch einmal tief ein und treten ganz entspannt und voller Magie den Heimweg an.

WEITERE INFOS:

Der Rundweg durch den Eibenwald ist frei zugänglich und zu jeder Jahreszeit möglich. Im Winter, bei Eis und Schnee, sind die Wege allerdings nicht geräumt und gestreut.

FRUCHT DER EIBE

HOLZSKULPTUR IM FORSTLICHEN VERSUCHSGARTEN

MIKROKOSMOS DER BÄUME

FORSTLICHER VERSUCHSGARTEN GRAFRATH

Im Forstlichen Versuchsgarten Grafrath bietet sich das einmalige Erlebnis, die Wälder Europas, Amerikas und Asiens geballt an einem Fleck zu erleben – ein Arboretum mit atemberaubender Artenvielfalt.

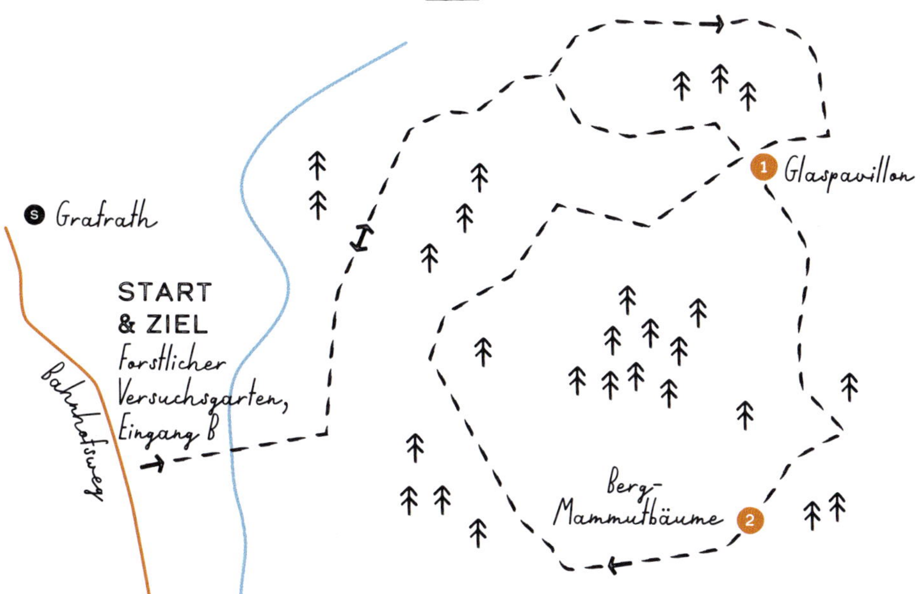

START UND ZIEL Forstlicher Versuchsgarten, Eingang B, Bahnhofsweg, 200 m Fußweg vom S-Bahnhof Grafrath

DISTANZ ca. 4 km

DAUER ca. 1–2 Std.

ANFAHRT S4 Grafrath

MITNEHMEN Sitzunterlage

Seit nunmehr 30 Jahren wird der Forstliche Versuchsgarten in Grafrath von der Landesanstalt für Wald- und Forstwirtschaft erhalten, liebevoll gehegt und gepflegt. Naturfreunde können sich hier auf Entdeckungsreise quer durch mehrere Kontinente begeben und fremde Wälder dank vielfältiger waldpädagogischer Angebote hautnah erleben.

Vom S-Bahnhof kommend nimmt man den Eingang B am Bahnhofsweg und tritt ein in das Bäume-Paradies. Kaum hat der Besucher die Metalltüre hinter sich gelassen, empfangen ihn, einem wahren **BAUMTOR** ähnelnd, Siebolds Walnuss aus Japan und eine Scheinzypresse aus dem Westlichen Nordamerika. Mit einem Mal ist man mittendrin in einem Wald, der majestätische Bäumen aus aller Welt beherbergt. Dieser 34 ha große Welterlebniswald wurde 1881 im Auftrag von König Ludwig II. als Königlich Bayerischer Forstlicher Versuchsgarten angelegt mit dem Ziel herauszufinden, inwieweit fremdländische Baumarten für die heimische Forstwirtschaft geeignet sind. Man begann daher mit dem Anbau von Arten aus Amerika, Japan oder China. Zahlreiche Forscher und Förster wurden mit dieser Aufgabe betraut. Einer der Vorreiter in Sachen Wald- und Forstwirtschaft war der renommierte Forstbeamte August Ritter von Ganghofer, Leiter des bayerischen Forstwesens und Vater des bekannten Schriftstellers von Heimatromanen, Ludwig Ganghofer.

Vollgetankt mit jeder Menge würziger Waldluft, geballtem Naturwissen und dem guten Gefühl, einen ganz besonderen Ort gefunden zu haben.

RUNDWEGE UND WALDPFADE

Mehrere Rundwege laden dazu ein, die Schätze des Waldes selbst zu entdecken. Schautafeln informieren über verschiedene Themen und Kunstwerke – Installationen und Skulpturen von Holzbildhauern wecken die Neugier des Betrachters.

Besuchern steht ein Äußerer und ein Innerer Rundweg zur Verfügung. Dazwischen erstreckt sich ein verzweigtes Wegenetz aus Waldpfaden – von den Rundwegen immer miteinander verbunden. Gehen Sie zunächst geradeaus, der Weg wird links und rechts flankiert von der Weißrückigen Magnolie aus Japan und dem Weinblattahorn aus dem westlichen Nordamerika. Spazieren Sie an der Farnblättrigen Buche aus Europa vorbei, die laut Beschilderung 1967 hier gepflanzt wurde. Nun geht es über eine kleine Brücke einen Waldpfad entlang. Schon bald gelangen Sie an eine Weggabelung, an der sich ein **RONDELL** mit Sitzbänken befindet. Noch ist es zu früh für eine Rast, aber vielleicht bietet sich dieser Ort auf dem Rückweg für eine Pause an. Folgen

BAUMRIESEN AUS ALLER WELT, IN GRAFRATH FRIEDLICH VEREINT

NATURWISSEN

DER BERG-MAMMUTBAUM

Der Riesenmammutbaum, auch als Berg-Mammutbaum bekannt, ist an den Westhängen der Sierra Nevada in Kalifornien zu Hause. Er gehört zur Familie der Zypressengewächse, ist einer der größten Bäume auf unserem Planeten und steht für Langlebigkeit, Robustheit und botanische Anmut. Noch höher wird zwar der Redwood-Mammutbaum, dennoch ist der Berg-Mammutbaum breiter und mächtiger und gilt daher als das volumenmäßig größte Lebewesen auf der Erde. In den ersten 50 Jahren entspricht sein Wuchs dem einer heimischen Tanne, danach lässt er diese von der Stammesdicke bis zu 400 cm und einer Wuchshöhe bis zu 80 m hinter sich. Der Baumriese zählt mit 30 bis 80 cm pro Jahr zu den schnell wachsenden Baumarten. Er passt sich gut der zentraleuropäischen Fauna und Flora an, trägt zur Bio-Diversität bei und wird sowohl wegen seines Holzertrags als auch seiner Resistenz gegenüber dem Klimawandel oder Waldbränden geschätzt.

Nicht zuletzt nutzen heimische Vögel, vor allem Eulen, Käuze, aber auch Fledermäuse größere Exemplare des Riesenmammutbaums gerne als Unterschlupf.

MÄCHTIGE WURZELAUSLÄUFER STÖREN HIER NIEMANDEN

Sie der Beschilderung dem Äußeren Rundweg nach rechts auf dem **DAVID-DOUGLAS-WEG**, benannt nach dem schottischen Gärtner und Botaniker, dem wiederum die Pflanzengattung Douglasia ihre Bezeichnung verdankt. Bestimmt kommen Sie beim Anblick dieser vielen meist unbekannten Baumarten aus dem Staunen nicht heraus: Da ist die Japanische Flügelnuss Zelkove, die zur Familie der Ulmen gehört, es gibt Douglasien, die Lawson-Scheinzypresse und die Japanische Sicheltanne, den Sugi Buchsbaum, Zuckerahorn und den stattlichen Tulpenbaum. Bleiben Sie auf dem Wegstück mit dem dunkelgrün gekennzeichneten Pfeil, bis Sie an der Wegkreuzung anlangen, an der ein **1 GLASPAVILLON** steht. Hier den Pfad im spitzen Winkel nach links nehmen und den Inneren Rundweg einschlagen. Gleich rechts, noch an der Gabelung, passieren Sie die Gelb- oder Ponderosa-Kiefer - übrigens der offizielle Staatsbaum des US-Bundesstaates Montana - sowie einen Riesenlebensbaum, kommen vorbei an aufwendig geschnitzten **HOLZSKULPTUREN** und genießen den weichen Waldboden unter den Füßen. Folgen Sie dem **CARL-ALWIN-SCHENCK-WEG** (auch der Namensträger dieses Wegs war ein bekannter deutscher Forstwissenschaftler) bis zur Maximowicz-Birke, der Hemlocktanne und der Lawson Scheinzypresse und gehen einen Bogen nach links. Schon bald macht ein Schild auf **2 BERG-MAMMUTBÄUME** aufmerksam. Wenn Sie rechts den Pfad entlanggehen, werden Sie bald staunend

DIE GRÜNE DOUGLASIE (HEIMAT NORDAMERIKA)

vor zwei anmutigen Baumriesen stehen. Zwischen ihnen lädt ein aus Holz geschnitztes Sitzkissen ein, Platz zu nehmen und den Blick entlang der beinahe endlos lang wirkenden Stämme der Berg-Mammutbäume hoch in die Baumkrone schweifen zu lassen. Beeindruckt vom Stammumfang können Sie gemeinsam mit Ihrem Begleiter oder Mitwanderern ausprobieren, wie viele Armspannbreiten nötig sind, um einen der beiden Stämme zu umarmen.

VOM CARL-ALWIN-SCHENK-WEG ZUM AUSGANG

Wer dem Weg folgt, kommt an der Europäischen und der Japanischen Eibe vorbei. Zur Linken öffnet sich ein kraftvolles Areal

voller Eiben, das dazu einlädt, hereinzukommen und für einen Moment innezuhalten (s. S. 163, Tour 30).

Ist man wieder an der Weggabelung der Roteiche angelangt, biegt man links ab und folgt dort dem linken Pfad. Schlendern Sie durch die von Terpenen getränkte Waldluft, bald stoßen Sie auf den Carl-Alwin-Schenck-Weg, wo rechts erneut der Glaspavillon ins Blickfeld kommt. Wenn man links den Äußeren Rundweg weitergeht, begegnet man der schlanken Nevada-Zirbelkiefer und der großen Küstentanne, ehe man wieder auf den David-Douglas-Weg stößt. Hier links halten, wo Serbische Fichte und Zuckerbirke am Wegrand warten. Bei der nächsten Weggabelung entscheiden Sie sich für den **KUNSTWERKEPFAD** und spazieren geradeaus.

Vorbei an einer Amerikanischen Roteiche aus dem Östlichen Nordamerika, gepflanzt 1892, passieren Sie die **MAXIMOWICZSBIRKE** (auch: Lindenblättrige Birke) aus Japan und bewundern einen Riesenlebensbaum aus dem Westlichen Nordamerika. Ein paar Schritte weiter erstaunt das Alter der Europäischen Lärche, die 1900 hier angesiedelt wurde, und erfreut die Grüne Douglasie, die seit 1892 an diesem wunderbaren Platz beheimatet ist. Beeindruckt von dieser kleinen Reise in die Baumwelt spazieren Sie langsam zurück zum Ausgangspunkt. Vollgetankt mit jeder Menge würziger Waldluft, geballtem Naturwissen und dem guten Gefühl, einen ganz besonderen Ort gefunden zu haben.

EINST KÖNIGLICHES JAGDREVIER: DER FORSTENRIEDER PARK

»AUF DER PIRSCH« IM PARK

FORSTENRIEDER PARK

Nicht selten springen hier Rehe über den Weg, lauert ein Fuchs hinter dem Baum auf das Häschen, das gerade noch entwischt. Kommen Sie mit auf die Pirsch! Natürlich ohne Gewehr – dafür mit wachen Augen und offenen Ohren.

START UND ZIEL
Kemptener Straße, München

DISTANZ 5 km

DAUER 2 Std. (variabel)

ANFAHRT
Bus 166 Kemptener Straße, München

MITNEHMEN
Evtl. ein kleines Fernglas

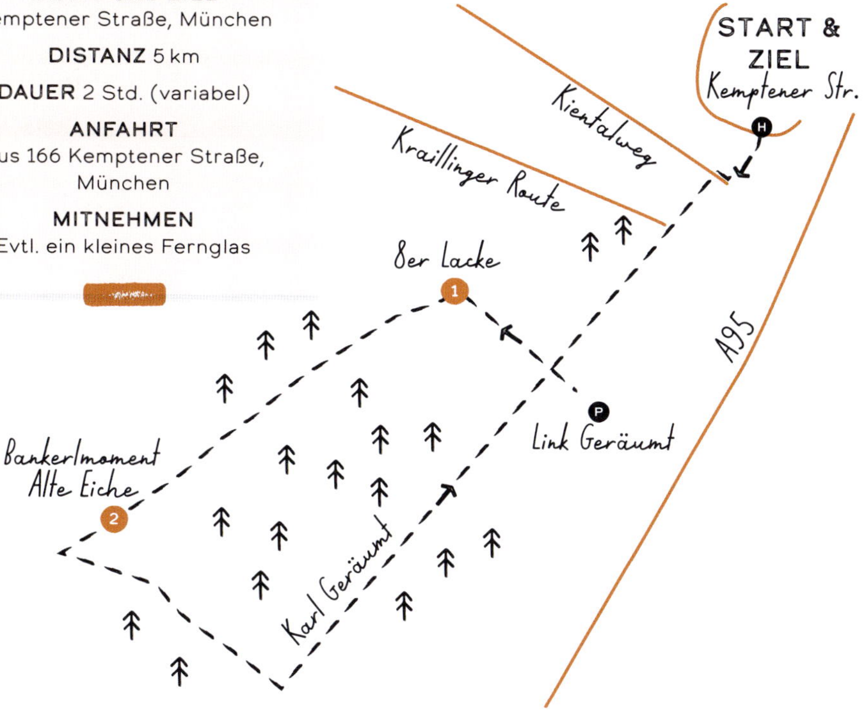

START & ZIEL
Kemptener Str.
Kientalweg
Kraillinger Route
8er Lacke
A95
Link Geräumt
Bankerlmoment
Alte Eiche
Karl Geräumt

TOUR 32 »AUF DER PIRSCH« IM PARK

EINE »SONNEN«-BANK

Jahrhundertelang diente der Forstenrieder Park bayerischen Königen, Kurfürsten und Herzögen als Jagdrevier. Heute ist er frei zugänglich, ein wichtiges Naherholungsgebiet für die Großstädter und zu jeder Jahreszeit einen Besuch wert. Sei es im Sommer, wenn der Wald erfrischende Kühle spendet, oder im Winter, wenn er in ein weißes Kleid gehüllt ist und die Schneedecke alle Geräusche dämpft. Frühmorgens gehört Ihnen der Wald noch fast ganz allein. Sie begegnen dort allerlei Wildtieren und kommen in den Genuss eines virtuosen Vogelkonzertes. Besonders ausgeprägt ist das Gezwitscher im Frühjahr und Sommer, da die meisten Vögel fast ausschließlich zur Brutzeit singen. Und dann sind es meistens - Sie ahnen es schon - die Männchen, die mit ihrem Gesang und allerlei Zwischentönen die Weibchen anlocken und gleichzeitig ihr Revier abstecken.

VON DER KEMPTENER STRASSE ZUR 8ER LACKE

Morgens, wenn Welt und Wald noch zu schlafen scheinen, geht es los. Von der Bushaltestelle Kemptener Straße bis zur Wiese, am Spielplatz vorbei und in den Wald hinein. Nach dem Spielplatz macht der Weg eine Rechtskurve und mündet links in den breiten Forstweg Karl Geräumt. Bleiben Sie ca. 200 m auf der Geraden, biegen dann rechts in die »Kraillinger Route« ab und nach weiteren 300 m links. Folgen Sie diesem Weg, nach weiteren 300 m passieren Sie den Waldspielplatz und gelangen dann an eine Kreuzung, an der sich Wege aus verschiedenen Richtungen treffen. Schräg gegenüber entdecken Sie einen Tümpel, der ❶ **8ER LACKE** genannt wird. Links daneben führt ein breiterer Pfad weiter durch den Forstenrieder Park.

VON DER BANK VOR DER EICHE ZUM KARL GERÄUMT

Mit dem Gezwitscher der Vögel im Ohr schlendern Sie den Weg entlang und kommen nach 1,1 km links zu einer ❷ **BANK VOR EINER ALTEN EICHE**. Nehmen Sie Platz, erleben und spüren Sie bewusst den Morgen: Sehen Sie die Tautropfen an den Gräsern glitzern, und beobachten Sie die

WÜRZIG: DUFT VON FRISCH GESCHLAGENEM HOLZ

NATURWISSEN

VOGELUHR

An der sogenannten Vogeluhr lässt sich ablesen, um welche Zeit Vögel morgens mit ihrem Gesang beginnen. Ganz früher diente sie auch als Zeitangabe. Denken Sie nur an Shakespeares Tragödie »Romeo und Julia«, als Julia beteuert: »Es war die Nachtigall und nicht die Lerche.« Damit gab sie ihrem Romeo zu verstehen, dass er noch bleiben kann, da der Morgen noch nicht naht. Denn es ist die Nachtigall, die ihren süßen Gesang noch vor Mitternacht startet und bis Tagesanbruch singt. Und die Lerche, die erst in den frühen Morgenstunden aktiv wird. Infos zur Vogeluhr: www.vogelstimmen.net (→ Vogeluhr)

Tiere. Wenn Sie in der Morgendämmerung unterwegs sind, verhalten Sie sich ganz still. Vermeiden Sie künstliche Lichtquellen, auch die Ihres Smartphones! Lauschen Sie und nehmen Sie mit wachen Sinnen wahr, wer und was sich um Sie herumtummelt.

Wenn Sie den Weg fortsetzen, kommen Sie nach wenigen Metern an eine Kreuzung, hier links halten und den Weg geradeaus nehmen. Nach ca. 230 m queren Sie einen Pfad, der Ihren kreuzt, bleiben aber auf der Geraden für noch einmal gut 200 m. Hier sehen Sie linkerhand einen kleinen Trampelpfad, der in den Wald hineinführt. Wenn Sie möchten, können Sie hier Ihr Walderlebnis vertiefen und weiter in den stillen Forst eintauchen. Da im Forstenrieder Park, wie bereits im Forstrevier Pullach (s. S. 105, Tour 20), das Wegenetz symmetrisch angelegt, also durch etliche parallel und rechtwinklig verlaufende Forstwege erschlossen ist, führt auch dieser Pfad durchs unvermeidliche Dickicht, sozusagen parallel zum breiten Forstweg »Karl Geräumt«.

Heute entscheiden Sie sich für den Forstweg, gehen weiter bis zum Karl Geräumt und biegen dort links ab. Von hier laufen Sie 1,7 km in nördliche Richtung, queren dabei mehrere breitere und schmälere Wege, bleiben aber immer auf dem Forstweg.

Auf leisen Sohlen lässt sich mehr Wild beobachten.

VOM KARL GERÄUMT ZUR KRAILLINGER ROUTE

Die Wälder rund um München sind nicht nur CO_2-Filter, Lebensraum für viele Tier- und Pflanzenarten, sondern auch Nutzwälder. Wenn man in allem, was einem begegnet, etwas Positives sehen kann, dann gehört sicherlich der Geruch von frisch geschlagenem Holz dazu. Atmen Sie ein paarmal tief durch und genießen Sie den harzigen Duft. Nehmen Sie sich die Zeit und bleiben stehen oder setzen Sie sich für eine Weile, um das »Aroma« der gefällten Bäume bewusst wahrzunehmen. Am Ende der langen Geraden stoßen Sie am Waldrand auf den **KIENTALWEG**. Biegen Sie hier noch einmal rechts ab, kommen links am Spielplatz vorbei und stehen kurz danach wieder an der Bushaltestelle.

Und wenn Sie Ihren morgendlichen Ausflug durch den Wald noch nicht beenden möchten: Lassen Sie sich auf das Abenteuer ein und nehmen den kleinen **PFAD** durch den dichten Wald. Spätestens jetzt spüren Sie die frische Waldluft, den Geruch von Moos und der von den Tieren aufgewühlten Erde. Gehen Sie bewusst langsam und achtsam, um keine Tiere aufzuschrecken. Auf leisen Sohlen lässt sich noch mehr Wild beobachten; vielleicht springt das ein oder andere Reh über Ihren Weg, oder Sie können es aus der Ferne im Gebüsch erspähen.

Über samtweichen Waldboden und knorriges Wurzelgeflecht schlängelt sich der Weg 1,5 km durch mehr oder weniger dichten Forst. Wenn die **KRAILLINGER ROUTE** erreicht ist, sind Sie fast schon wieder am Ausgangspunkt angelangt. Nur noch einmal rechts abbiegen und bei der nächsten Möglichkeit (Karl Geräumt) links. Dann geradewegs auf den Spielplatz zu, und in wenigen Metern ist bereits das Ziel erreicht.

SCHÖN UND GIFTIG: ROTER FINGERHUT

DER PARK, AUCH IM WINTER REIZVOLL

HÖRÜBUNG

Menschen werden vor allem durch visuelle Eindrücke geprägt. Konzentrieren Sie sich daher auf einer stillen Lichtung intensiv auf Ihren Hörsinn. Lehnen Sie sich entspannt an einen Baumstamm oder nehmen Sie auf einer Bank Platz. Schließen Sie die Augen, und achten auf alle Geräusche, die sie von nah oder fern wahrnehmen. Das kann Vogelgezwitscher sein, das Summen von Insekten, das Rascheln des Laubes oder das Knacken von Ästen. Ein Segelflieger, der über Ihnen kreist, oder fröhliche Kinderstimmen. Lauschen Sie allen Geräuschen und versuchen Sie, diese ohne Bewertung wahrzunehmen. Wenn Sie zu zweit oder zu mehreren unterwegs sind, dann tauschen Sie sich nach der Übung aus. Wer hat welches Geräusch wahrgenommen? Woher kamen diese, und welchem Vogel/Waldtier kann es zugeordnet werden? Zu guter Letzt ein weiser Satz aus der Feder Hermann Hesses: »Der Wald legt das Lauschen nahe.«

BÄCHLEIN UNWEIT VON SCHLOSS SEEFELD

WALDBADEN IM WINTERWONDERLAND

PILSENSEE

Dieser Ausflug entführt in die zauberhafte Winterwelt des Fünfseenlandes. Es geht an den kleinen Pilsensee, über dem majestätisch Schloss Seefeld thront – beides in Familienbesitz.

START UND ZIEL
Schloss Seefeld

DISTANZ 7,5 km plus 1 km zum Strandbad »Lieblingsplatz«

DAUER 1,5–2 Std.

ANFAHRT
Bus 924, 928 Schloss Seefeld

MITNEHMEN
Rutschfestes Schuhwerk (im Winter)

Genießen Sie das beruhigende Gefühl, wenn die Natur Wald, Feld und Flur mit einer dicken weißen Decke zugedeckt hat.

Wenn die Natur eine Pause einlegt, verdient das Immunsystem meist erst recht Aufmerksamkeit. Eine ruhige und gleichzeitig bewegte Auszeit in der verschneiten Landschaft hilft, den Kopf freizubekommen. Der Nadelwald unterstützt dabei mit einem natürlichen Gesundheitsbooster.

Starten Sie am Parkplatz Schloss Seefeld und spazieren zunächst ein Stück Richtung Süden und nehmen dann den Weg hoch zum Schloss. Bleiben Sie auf dem Fußweg und laufen um das Schloss herum auf die Südseite. Dabei passieren Sie den Innenhof der Veste mit einer Reihe von kleinen Läden und Handwerksbetrieben. Erwähnenswert ist, dass das Schloss seit dem 15. Jh. in Familienbesitz ist. Besucher erwartet im **SCHLOSSHOF** ein von der gräflichen Familie geschaffenes Zentrum für Künstler und Kunsthandwerker.

VON SCHLOSS SEEFELD IN DEN WINTERWALD

Spazieren Sie auf dem Fußweg hinunter und lassen den Schlosstrakt hinter sich. Rechts liegt der Schlosspark, der im Besitz der Familie der Grafen zu Toerring-Jettenbach und nicht für die Öffentlichkeit zugänglich ist. Links fließt der ❶ **BACH**, an dem weite Teile Ihres Weges entlangführen. Nach wenigen Schritten geht es in den lichten Wald, der sich gerade im Winter verzuckert und verzaubert präsentiert. Es geht weiter am Bachlauf entlang. Das erste Brücklein bringt Sie ans andere Ufer und – nach wenigen Schritten – wieder nach rechts an die andere Uferseite. Nehmen Sie das beruhigende Plätschern des Wassers wahr.

Auch wenn die Winterluft eisig ist: Versuchen Sie ein paarmal ganz bewusst tief ein und wieder auszuatmen. Beobachten Sie, wie die klare Luft in Ihren Körper strömt und ihn belebt. Spüren Sie, wie die Winterluft Sie wach macht und gleichzeitig erfrischt. Spazieren Sie vorbei an den kahlen Buchen, bewundern ihre glatten, grauen Stämme und im Gegensatz dazu auch die knorrige Rinde der Kiefern. Genießen Sie das beruhigende Gefühl, wenn die Natur Wald, Feld und Flur mit einer dicken weißen Decke zugedeckt hat. Wenn Sie Ihre Aufmerksamkeit darauf richten, besonders langsam zu spazieren, gibt Ihnen das zugleich die Möglichkeit, Ihre Beobachtung auf unzählige Unikate der Natur (s. S. 183) zu lenken, in der Nähe oder weiter entfernt.

VON BÄUMEN VERBORGEN: SCHLOSS SEEFELD

VOM WALD NACH WIDDERSBERG

Auf Ihrem Weg durch den Winterwald begegnet Ihnen vielleicht auch ein Schneemann, den jemand auf einer Bank dekorativ platziert hat. Schenken Sie ihm ein Lächeln und bummeln Sie weiter, immer dem Bach entlang. Auch wenn ein Pfad links in den Nadelbaumwald abzweigt, folgen Sie dem Weg am Bachlauf. Schon bald verliert sich das Bächlein in einer sumpfigen Wiese, der Weg führt nach etwa 1,5 km aus dem Wald heraus, auf eine kleine Anhöhe. Von dort gibt er den Blick auf den Ort **WIDDERSBERG** frei, schon von Weitem an dem typischen Zwiebelturm zu erkennen. Wenn Sie Ihre Aufmerksamkeit auch weiterhin den kleinen Dingen der Natur schenken, kommt es Ihnen wie ein Katzensprung vor, bis Sie auf die asphaltierte Fahrstraße stoßen. Hier links halten und vorbei an der Bushaltestelle Widdersberg-Burgstraße.

Lockt Sie ein Abstecher zum Ufer des Pilsensees, dann biegen Sie an der T-Kreu-

WAHRNEHMUNG VON UNIKATEN IN DER NATUR

Eisige Temperaturen verwandeln die Natur in ein spektakuläres Mosaik. Schenken Sie diesen filigranen Einzelstücken Ihr Augenmerk. Nehmen Sie diese winzigen Naturwunder, die uns Flocke für Flocke von der Natur geschenkt wurden, wahr. Bestimmt fallen Ihnen die getrockneten und tiefgefrorenen Blütenstände der Pflanzen auf, die nun ein Schneehäubchen tragen. Oder die einzelnen Schneekristalle, die sich auf dem braunen Laub niedergelassen haben. Jeder Tropfen Wasser ist zu einer natürlichen Glasperle gefroren. Erkunden Sie, wie weit die Wasseroberfläche zugefroren ist und sich nach und nach eine dünne Eiskruste gebildet hat. Nehmen Sie auch Ihren Atem wahr, der in der kalten Luft als Nebelwölkchen sichtbar wird. All das und viel mehr wird Ihnen auf der heutigen Tour am Wegrand begegnen.

FILIGRANE EISLANDSCHAFT

EISZEIT AM PILSENSEE

zung zunächst nach rechts und nach wenigen Schritten links in einen Pfad ab. Dieser schlängelt sich hinab bis zum Parkplatz des Strandbades. Eine Unterführung bringt Sie zum ❷ **KIOSK »LIEBLINGSPLATZ« AM SEEUFER** - im Sommer ein herrliches Plätzchen mit beinahe Karibik-Flair.

Folgen Sie der Straße Richtung Südwesten und nähern sich dem ❸ **WIDDERSBERGER WEIHER**. Ein Schild weist den Weg nach rechts Richtung Andechs (eine Verlängerung der Tour von ca. 6 km!). Entscheiden Sie sich für die Schleife durch das Dorf Widdersberg zurück nach Seefeld Dazu schlendern Sie den Pfad links am Ufer entlang, der gleich auf die Dorfstraße führt. Diese windet sich hoch zur Kirche ❹ **ST. MICHAEL** mit ihrem markanten Turm. Gleich nach dem Friedhof links halten und das Kirchenareal umrunden. Ein hübscher Anblick sind die liebevoll geschmückten alten Häuser und Höfe mit ihren bunten Fensterläden und üppigen Bauerngärten. Stöbern Sie in dem zauberhaften Blumen- und Deko-Laden, der ein wenig versteckt links hinter der Kirche liegt, und lernen Sie die Besitzerin Stephanie kennen.

Der Weg gegenüber führt wieder aus dem Ort hinaus. Am Gartenzaun zeigen handbemalte Wegweiser die Richtungen an. Bleiben Sie rechts, Richtung Seefeld, und schon nach wenigen Schritten haben Sie den mit Efeu überwucherten Zaun des letzten Hauses hinter sich gelassen.

NATURWISSEN

EFEU

Die immergrüne Winde, die gern an Baumstämmen hochklettert, gilt in der Mythologie als Symbol der Ewigkeit. Die unkomplizierte Kletterpflanze ist allerdings in allen Teilen giftig! Efeu kann bis zu 200 Jahre alt werden und blüht erst nach zwei Jahrzehnten. Im Winter sind die blauschwarzen Beeren ein Leckerbissen für heimische Vögel.

Wegen des hohen Anteils an natürlichen Saponinen können Efeublätter auch als umweltschonendes Waschmittel verwendet werden. Dazu eine Handvoll Efeublätter zwei- bis dreimal durchschneiden und in ein Wäschesäckchen füllen. Legen Sie es zusammen mit der Wäsche in die Trommel der Waschmaschine, und waschen Sie diese ohne weitere chemische Zusätze.

FRUCHTSTAND DES EFEU

VON WIDDERSBERG NACH SEEFELD

Lassen Sie den Ort hinter sich und tauchen wieder in den Wald ein. An der ersten Weggabelung links halten und leicht bergab durch den Wald spazieren. Nach wenigen Schritten zweigt links ein Stichpfad ab, diesen geradeaus gehen und an der nächsten Gabelung links halten. Weiter unten, wo eine Furt nach rechts oben führt, schlagen Sie den Weg links ein. Es folgt eine Rechtskurve, ehe es danach fast schnurgerade weitergeht. Nach 250 m überqueren Sie einen Bachzulauf, gleich danach geht es links durch den Wald. Nach einer weiteren Bachquerung erreichen Sie eine T-Kreuzung, hier wieder rechts am Bach entlang und über die beiden Steinbrücken zurück zum **SCHLOSS**. Krönen Sie den Ausflug mit einem Bummel durch die Ateliers und Läden im Schlosshof, und nehmen Sie neben winterlichen Eindrücken ein Gefühl von mittelalterlichem Burgtreiben mit nach Hause. Und seien Sie versichert, dass es im Frühling oder Herbst am Pilsensee genauso schön ist wie im Winter.

WEITERE INFOS

WEITERFÜHRENDE LINKS UND INFORMATIONEN

LITERATUR

Torbjørn Ekelund: **IM WALD – KLEINE FLUCHTEN FÜR DAS GANZE JAHR**, Malik 2016
Der berufstätige Familienvater Torbjørn nimmt sich vor, einmal im Monat eine Nacht lang im Wald zu schlafen und erlebt dabei eine Art von Expedition, ohne wochenlang auf Reisen zu gehen. Das Buch inspiriert zu kleinen Abenteuern vor der Haustüre.

Clemens G. Arvay: **BIOPHILIA EFFEKT**, Ullstein 2016
Der österreichische Autor erklärt in seinem Buch, warum wir uns mental und körperlich nach einem Aufenthalt in der Natur besser fühlen, und vermittelt die Zusammenhänge fundierter wissenschaftlicher Erkenntnisse, einfach und gut verständlich.

Peter Wohlleben: **DAS GEHEIME LEBEN DER BÄUME**, Heyne 2019
Seit Jahren auf der Bestsellerliste und in 40 Sprachen übersetzt. Förster Peter Wohlleben erzählt spannende Geschichten über den Lebensraum der Bäume, erklärt das Ökosystem Wald und wie Pflanzen kommunizieren. (Der Bestseller wurde auch für die Kinoleinwand bildgewaltig verfilmt, Constantin Film 2020).

Dominik Spenst: **6-MINUTEN TAGEBUCH** – Journal für Persönlichkeitsentwicklung, Orchidee 2017
Das Arbeitsbuch gibt anhand von täglichen Fragen Anleitung zum Reflektieren und hilft leicht und ohne großen Zeitaufwand beim Prozess der Persönlichkeitsentwicklung.

Annette Benjus: **WALDBADEN** – Mit der heilenden Kraft der Natur sich selbst neu entdecken, mvg 2018
Eine Einladung in den Wald. Erholen, Auftanken und Genießen. Wissenswertes über die Gesundheit im Wald mit Übungen.

LINKS UND APPS

→ www.waldbaden.com
Forum für Waldbaden und Naturerleben zum Informieren und Schmökern. Veranstaltungen und Ausbildungsangebote.

→ www.julia-yoga-love.de
Yoga, Achtsamkeitstrainings, Coaching, bewusstes Waldgehen und Begleitung zum Thema Auszeit (Raum Starnberg und Umgebung).

FILME ETC.

philosophie MAGAZIN Sonderausgabe 10, **AUFFORDERUNG ZUM SPAZIERGANG**
Eine wohlwollende Aufforderung zum Gehen in der Natur. Mit Zitaten und Anekdoten alter und neuer Philosophen.

ZDF Mediathek Terra X: **UNSERE WÄLDER**, 3-teilige Dokumentation, www.zdf.de/dokumentation/terra-x
Eine faszinierende Wald-Reise quer durch die Republik. Atemberaubende Bilder über die Geschichte und Entwicklung der deutschen Wälder sowie das Ökosystem der Bäume von der Ostsee bis Oberbayern.

IRMI BAUMANN

ist zertifizierter Natur- und Gesundheitscoach, Resilienztrainerin, Bergwanderleiterin, Wildnisköchin und in der Natur- und Erlebnispädagogik tätig. Unter dem Motto »Erleb' DEIN grünes Wunder« begleitet sie Menschen hinaus in die Natur, um deren Blickwinkel neu zu justieren, was diese dazu befähigt, im Perspektivwechsel bekannte Situationen und Themen in einem neuen Licht zu sehen. Dabei nutzt sie stets die Natur als Sparringspartner und Outdoor-Seminarraum.

Neben einem modernen Gesundheitsmanagement für Unternehmen und nachhaltige Teamevents umfasst ihr Portfolio auch individuelle Natur-Erlebnistage für Einzelpersonen und Familien. Mit Kochen auf der Alm macht sie Wildkräuter und -früchte erlebbar. Darüber hinaus bietet die Trainerin Regenerations- und Präventionsmethoden in freier Natur an, die leicht in den Alltag zu integrieren sind. Respekt – untereinander und gegenüber der Natur – sowie Empathie, Achtsamkeit, Vertrauen und Wertschätzung stehen im Mittelpunkt ihres Tuns.

Auch privat schlägt Irmis Herz für die Natur, fürs Draußensein – zu jeder Zeit und bei jedem Wetter. Sie lebt mit ihrer Familie im Voralpenland und engagiert sich für einen umweltbewussten und nachhaltigen Lifestyle. www.irmibaumann.de

DR. GISELA IMMICH

Dr. Immich forscht seit mehr als zehn Jahren zu Gesundheitswirkungen von Wald-/Naturaufenthalten auf die Gesundheit am Lehrstuhl für Public Health und Versorgungsforschung (IBE) der Ludwig-Maximilians-Universität München. Sie kombiniert ihre Forschungsexpertise mit dem anwenderorientierten Know-how als zertifizierter Forest Therapy Guide (ANFT). Sie ist Co-Autorin des Sachbuchs »Waldtherapie – das Potenzial des Waldes für Ihre Gesundheit«, Mitgründerin des Kompetenzzentrums für Waldmedizin und Naturtherapie mit Tandem-Kursleitung zur Wald-Gesundheitstrainerin und Waldtherapeutin sowie Referentin auf nationalen und internationalen Kongressen.

REGISTER

MÜNCHEN

MÜNCHNER UMLAND

Titelbild: Shutterstock.com: oatawa
Klappe hinten: Irmi Baumann

Alle Fotos in diesem Buch stammen von Irmi Baumann, mit Ausnahme von: Alamy Stock Photo: Westend61 GmbH 86/87; Zoonar GmbH 115 - Eva Stadler: 81 - Huber Images: Stefano Politi Markovina 35, Reinhard Schmid 46; Christian Bäck 147, 148 - Getty Images: Geography Photos 109; Martin Siepmann 113 - imago images: imagebroker 69, 126 - Jahreszeiten Verlag: Christina Körte 42 - Look: Bethel Fath 28; Franz Marc Frei 92; Norbert L. Maier 132 - mauritius images: Martin Siepmann 13, 71.1; SZ photo creative 27.2; Westend61 36; Brigitte Protzel 58; Helmut Meyer zur Capellen 84/85; Daniel Reiter 130/131; Zoonar GmbH/Alamy 174; Uta und Horst Kolley 177, 178/179 - picture alliance: SZ photo 22, 95, 119; Associated Press 24; imageBROKER 68 - plainpicture: 75 - Sandra Leu, Schliersee Magazin: 9 - Shutterstock: Nenad Nedomacki 32; FooTToo 48/49; SusaZoom 59, 77; Wirestock Creators 78 - stock.adobe.com: Milan 76

Für die freundliche Erteilung der Fotogenehmigungen danken wir der Bayerischen Schlösserverwaltung und den Staatlichen Naturwissenschaftlichen Sammlungen (SNSB):
SNSB (Botanischer Garten): 88, 91 - www.schloesser.bayern.de (Englischer Garten): 16, 19; (Maximiliansanlagen): 42 - www.residenz.muenchen.de (Hofgarten): 32, 35, 36, 37; (Kabinettsgarten): 38, 40 - www.schloss-nymphenburg.de (Nymphenburger Schlosspark): 82, 84, 85, 86/87

Postfach 860366, 81630 München

POLYGLOTT

POLYGLOTT ist eine eingetragene Marke
der GRÄFE UND UNZER VERLAG GmbH

ISBN 978-3-8464-0970-1
1. Auflage 2023

WICHTIGER HINWEIS
Die Daten und Fakten für dieses Werk wurden mit äußerster Sorgfalt recherchiert und geprüft. Wir weisen jedoch darauf hin, dass diese Angaben häufig Veränderungen unterworfen sind und inhaltliche Fehler oder Auslassungen nicht völlig auszuschließen sind. Für eventuelle Fehler oder Auslassungen, Nachteile oder Schäden, die aus den im Buch vorgestellten Informationen resultieren, können Gräfe und Unzer und die Autorin keinerlei Verpflichtung und Haftung übernehmen. Die Darstellung der GPX-Tracks kann in verschiedenen Tracking-Apps externer Anbieter variieren. Der Verlag kann daher nicht garantieren, dass alle Tourendetails exakt deckungsgleich mit den im Buch abgebildeten Karten sind.

Ein Unternehmen der
GANSKE VERLAGSGRUPPE

Text: Irmi Baumann
Redaktion und Projektmanagement:
Susanne Kronester-Ritter
Anne-Katrin Scheiter, Rosemarie Elsner
Lektorat: Rosemarie Elsner
Schlusskorrektur: Christiane Gsänger
Umschlaggestaltung und Innenlayout:
Britta Rungwerth, Düsseldorf
Bildredaktion: Nafsika Mylona
Karten: Diana Köhne
Koordination Kartographie: Julia Hirner
Satz: Nadine Thiel, kreativsatz, Baldham
Herstellung: Gloria Schlayer
Repro: Medienprinzen, München
Druck und Bindung:
Firmengruppe APPL, aprinta druck, Wemding

ANSPRECHPARTNER FÜR DEN ANZEIGENVERKAUF:
KV Kommunalverlag GmbH & Co. KG
MediaCenter München,
Tel. 089/928 09 60

BEI INTERESSE AN MASSGESCHNEIDERTEN B2B-PRODUKTEN:
b2b-kontakt@graefe-und-unzer.de

LESERSERVICE
GRÄFE UND UNZER Verlag
Grillparzerstraße 12, 81675 München
www.graefe-und-unzer.de

UMWELTHINWEISE
Nachhaltigkeit ist uns sehr wichtig.
Der Rohstoff Papier ist in der Buchproduktion hierfür von entscheidender Bedeutung. Daher ist dieses Buch auf PEFC-zertifiziertem Papier gedruckt.
PEFC garantiert, dass ökologische, soziale und ökonomische Aspekte in der Verarbeitungskette unabhängig überwacht werden und lückenlos nachvollziehbar sind.

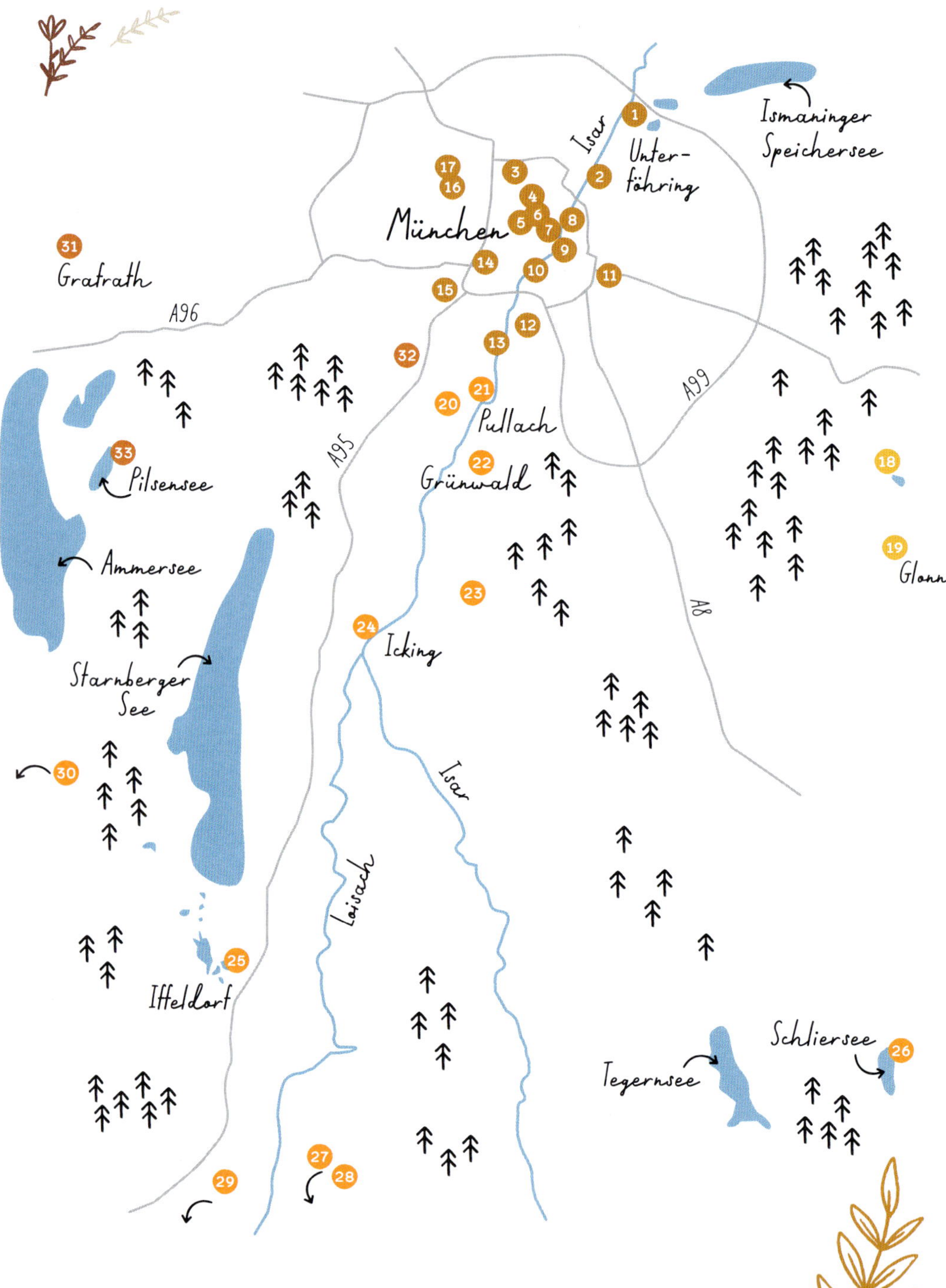

Ismaninger Speichersee
Isar
Unter-föhring
München
Grafrath
A96
Pullach
A99
A95
Pilsensee
Grünwald
Glonn
Ammersee
A8
Icking
Starnberger See
Isar
Loisach
Iffeldorf
Schliersee
Tegernsee
1
2
3
4
5
6
7
8
9
10
11
12
13
14
15
16
17
18
19
20
21
22
23
24
25
26
27
28
29
30
31
32
33